望月光の

古文教室

改訂版

古典文法編

代々木ゼミナール講師 望月 光

JN227110

旺文社

はじめに

みなさん、こんにちは！　望月です。

この本は、古文の学習がはじめてで何をどう勉強したらいいのか全くわかんない、あるいは、古文が苦手で苦手でどうしようもない、という人のために作りました。

古文の勉強に学年は関係ありません。

高校一年生に使っていただいてもいいし、二年生・三年生の人、また、卒業して何年もたった人にお使いいただいてもいいように編集してあります。

編集方針は、ずばり、「シンプルに！」ということでした。

勉強は根本的なことがわかれば、あとは自然と慣れて、パズルを解くように複雑で難しいことがわかってきます。

問題なのは、最初のハードルをどう越えるか、ということなんですね。

ですからこの本は、簡単なことにも丁寧な説明をつけるようにつ

とめました。

また、最新の入試問題に合わせて、必要があればこまめに改訂する方針で本を作ってありますから、どうか安心して勉強をお進めください。

ぼくの説明はともかくとして、江尻寛子さん、吉岡宏さんをはじめとする旺文社の優秀なスタッフの方たちが、わかりやすくて楽しい紙面にしあげてくださいました。

改訂版でお世話になった清水理代さんとともに、ここに記してあつく御礼申し上げたいと思います。

この本をきっかけにして、古文大好き受験生が一人でもたくさん増えてくださることを、著者としては心からお祈りしています。

望月光

もくじ

編集担当／清水理代、江尻寛子
イラスト／三木謙次
装丁、本文デザイン／アチワデザイン室
編集協力／有限会社 アリエッタ

本書の利用法

1 改訂版について

本書は『望月光の超基礎がため 古文教室 古典文法編』を改訂したものです。今回の改訂では、初版に掲載のなかった助動詞や助詞を追加し、入試で重要なものを収めるよう配慮しました。確認問題や解説部分も適宜差し替えました。

2 この本の構成

本書は講義形式になっていて、「ウォーミングアップ編」、「実践編」の二部構成になっています。「ウォーミングアップ編」では古文を学習していくための基礎を学びます。「実践編」では助動詞・助詞・敬語と、古典文法をひととおり学びます。

3 各章の構成

各章には講師である望月先生からの「例題」があります。その章を読みすすむにつれて、その「例題」の意味と、答え、そして何よりも大切な「答え」にたどりつくまでの「道のり」が記されています。各章を読み終えるごとに、一つ一つ、確実に古典文法が身につきます。

4 古文の学習がはじめての人は

まずは「ウォーミングアップ編」から読みましょう。一度読んだだけでは、なかなか理解できないかもしれません。でも安心してください。ゆっくりと、同じところを何回でも読むことで理解が深まります。

5 古文が苦手な高校生・受験生は

古文への苦手意識はこの本では問題にならないので安心してください。「完了の助動詞ってよくわかんない」というあなたは、「実践編 助動詞3 完了の助動詞1」をまずは読んでみてください。先生の「例題」を追いかけていくうちに、自然と「完了の助動詞」についての知識が頭に入ってくるはずです。

最初から全部読む必要はありません。気になるところ、わからないところから始めていきましょう。

6 コラム

古文にまつわる「コラム」を載せました。その章で学ぶことに関係のある内容ですけれども、古典文法の学習からすこしはなれて、「なるほどね」と思ってもらえるはずです。「コラム」を読んで、様々な古文の楽しみを知ることでしょう。

さあ、楽しい古文の始まりです！

ウォーミングアップ編

1 むかしの五十音図

みなさん、はじめまして！　この「ウォーミングアップ編」では基礎をガッチリと固めていきますから、しっかりと自分の歩幅《ペース》で勉強してくださいね！

まずはこの質問から。

古文で使う五十音図のア行とヤ行とワ行を書きましょう。

古文で使う五十音図は、小学校で学ぶ現代語の五十音図と、ほんのちょっとだけ違っています。

現在は、

あ	い	う	え	お
や		ゆ		よ
わ				を

ですが、古文では、

あ a	い i	う u	え e	お o
や ya	い yi	ゆ yu	え ye	よ yo
わ wa	ゐ wi	う wu	ゑ we	を wo

となっていて、

ア行は同じですが、**ヤ行**と**ワ行**がちょっとだけ違いますね。

みなさんは、古文で使う五十音図のヤ行とワ行をきちんと覚えておくようにしてください。これを覚えていないと、次のような場合に困ります。

「木を植ゑて、鳥を招く」の「植ゑ」は、何行の動詞でしょうか。

「植ゑ」の「ゑ」はワ行にありますから、答えは「**ワ行**」です。

けれども、五十音図をきちんと覚えていないと、ア行やヤ行と勘違いするかも知れません。

気をつけてくださいね。

コラム

「いろは歌」

ひらがなを学ぶとき、今の小学生は五十音図から習い始めますが、昔の子どもたちは「**いろは歌**」から始めていました。みなさんは「いろは歌」を知っていますか?

色《いろ》は匂《にほ》へど　散《ち》りぬるを
我《わ》が世《よ》誰《たれ》ぞ　常《つね》ならむ
有為《うゐ》の奥山《おくやま》　今日《けふ》越《こ》えて
浅《あさ》き夢《ゆめ》見《み》じ　酔《ゑ》ひもせず

もともと仏教の思想を下敷きとしてできたものなので、意味は奥深くて難しいのですが、若いみなさんにもわかるように面倒なところを切り捨てて伝えると、

コノ世ハドウセ　ハカナクテ
花ガ咲イテモ　ヤガテ散ル
アブクノ夢ニ　酔イシレズ
ガンバリマショウ　今日モマタ

といったところでしょうか。

作者は不明。昔から弘法大師《こうぼうだいし》（空海《くうかい》）の作だといわれていますが、伝説にすぎません。

四十七文字中、一字も同じ文字がないところが重宝されて、後世、初級の習字手本に盛んに用いられました。こんにち、習い事の初歩をさして、「水泳のいろは」なんていうのは、その名残《なごり》です。

2 品詞について

次に「**品詞**」について。

ことばを、役割や形のちがいでグループわけしたものを「品詞」といいます。名詞とか、動詞とか…。みんな覚えていますか？

古文で使う十個の品詞をすべて書きましょう。

みなさん、ちゃんと書けたでしょうか。次にそれぞれのことばがどんなものか、簡単に説明しておきますね。

動詞

動作や存在などをあらわすことばが**動詞**です。

「ケンちゃんが行く」の「行く」は、

傍線部が**動詞**ならば〇、そうでないならば×を記してみよう。

1 楽あれば、苦あり。

2 奥山は、花のさくこと遅し。

3 行きて、帰らず。

ケンちゃんの動作をあらわしているので動詞。「山あり」の「あり」は、山が存在するということをあらわしているのでやっぱり動詞ですね。

（詳しい解説は16ページ）

4 道成寺へと到《つ》きにけり。

解答 1 ○ 2 ×【形容詞】 3 ○ 4 ×【名詞】（道成寺に到着した。）

形容詞

ものごとの性質や状態をいいあらわすことばが**形容詞**です。

「若君、おとなし」の「おとなし」は「大人びている」という意味の古語で、若君のもつ性質をあらわしているから形容詞です。古文の形容詞は、こんなふうに「〜し」で終わります。「いみじ」のように、「〜じ」で終わるものもあります。

（詳しい解説は38ページ）

傍線部が**形容詞**ならば○、そうでないならば×を記してみよう。

1 傘さして行く。
2 今日、風つよし。
3 修行して帰る。
4 物の怪、いとおそろし。

解答 1 ×【動詞】 2 ○ 3 ×【動詞】 4 ○

形容動詞

形容動詞は形容詞と同じで、**ものごとの性質や状態をいいあらわします**。

「静かなり」「堂々たり」のように、「〜なり」や「〜たり」で終わるところが形容詞と違います。

なお、**動詞・形容詞・形容動詞**の三つをあわせて、「**用言**」と呼びます。（詳しい解説は44ページ）この文法用語は忘れないでください。

傍線部が**形容動詞**ならば○、そうでないならば×を記してみよう。

1　鐘の声、寂寞《せきばく》たり。

2　雨、降りたり。

3　波の音、静かなり。

4　わづかなる白露《しらつゆ》。

解答　1○　2×【動詞＋助動詞】　3○　4○

名詞

名詞は**ものごとの名前をいいあらわすことば**です。

「紫《むらさき》式部《しきぶ》」は人の名前、「富士」は山の名前だから名詞です。

傍線部が**名詞**ならば○、そうでないならば×を記してみよう。

1　好きこそものの上手なれ。

2　猫に小判。

3　枯れ木も山のにぎはひ。

4　帝、人々に歌詠ませ給ふ。

名詞のことを文法用語で「**体言**」と呼びます。よく使うことばなので忘れないでください。

解答
1 ×【助詞】 2 ○ 3 ○ 4 ○

副詞

簡単にいえば、**動詞・形容詞・形容動詞を修飾することば**が**副詞**です。

「ほのぼのと明けゆく」の「ほのぼのと」は、「明けゆく」という動詞を修飾していますね。こんなのが副詞です。

入試や古文読解では、「**陳述《ちんじゅつ》の副詞**」（14ページ）といわれるものが最重要。副詞とは何かについて深く考えるよりも、みなさんは、陳述の副詞をしっかり勉強しておくようにしてください。

空欄に該当する**副詞**をa～cの中から一つ選んでみよう。

1 言ひたきことも［　］言はず。
（言いたいことも言うことができない）
a 我　b え　c 人に

2 春の鳥、［　］泣きそ。
（春の鳥よ、鳴いてくれるな）
a え　b な　c 夜

解答
1 b　2 b

連体詞

体言（名詞）を修飾する以外に使いみちのないことばを**連体詞**といいます。

「あらゆる山」の「あらゆる」は、必ず体言を修飾しますね。「あらゆる山」「あらゆる人」「あらゆる星」というように…。連体詞は数が少ないので、重要なものは古文単語帳などにのっています。それを覚えておけば十分です。

接続詞

前後の文を接続することばが**接続詞**です。

「夜《よ》に入る。されど、人は来《こ》ず。」の「されど」のようなものですが、入試や古文読解ではそれほど重要ではありません。

感動詞

感動・呼びかけ・応答をいいあらわすことばを**感**

コラム 「陳述の副詞（呼応《こおう》の副詞）」

陳述の副詞は、別名、**呼応の副詞**ともいわれています。

現代語でいえば、「決して」が呼応の副詞です。「決して」というと、必ずうしろに「～ない」が呼応するでしょう？　「まるで」も同じです。「まるで」というと、うしろに「～ようだ」が呼応しますね。だからこれも呼応の副詞。

古文で重要な呼応の副詞を以下にまとめておきましょう。

①な――そ〈――してくれるな〉

これは**禁止**をあらわします。〈――するな〉と訳してもかまいません。

②え――ず〈――できない〉

これは**不可能**をあらわします。古文ではかなり頻繁に出てくるので注意が必要です。

動詞といいます。

「あな、恐ろし」の「あな」は、「ああ」という意味の古語ですが、これは**感動**をいいあらわしています。「やや、小僧殿」の「やや」は、「もしもし」という意味の古語ですが、これは**呼びかけ**。「えい、何ごとぞ」の「えい」は、「はい」という意味の古語で、これは**応答**。これも古文単語帳にのっている重要なものを覚えておけば大丈夫です。

助動詞・助詞

簡単にいえば、**助動詞**は**動詞などにくっついて意味をそえることば**です。**助詞**は**ことばとことばとの関係をあらわしたり、意味をそえたりすることば**です。これだけでは何のことだかわからないと思いますし、入試でも古文読解でも最重要の品詞なので、実践編でじっくり勉強することにしましょう。

③

さらに
すべて
たえて
かけて
おほかた
つやつや
よに
つゆ

——ず〈全く（決して）——ない〉

これはすべて**全否定**です。いっぱいあるので覚えるのが大変ですが、古文にはよく出てきますから気をつけてくださいね。「ず」のかわりに、「**なし**」「**じ**」など他の打消表現が呼応することもあります。

④ **よも——じ〈まさか——まい〉**

下に「じ」が呼応します。「じ」は**打消推量**といわれることばで、〈——まい〉と訳してもいいし、〈——ないだろう〉と訳してもかまいません。

3 活用を覚えよう

古典文法の教科書をひらくと、いきなり用言や助動詞の活用表があらわれますね。

基本形	語幹	未然形	連用形	終止形	連体形	已然形《いぜん》	命令形	活用の種類
書く	書	か	き	く	く	け	け	カ行四段活用

学校では、「か・き・く・く・け・け」と言いながら、この表を覚えさせられると思います。

そんな声が聞こえてきそうですが、この活用というのは、入試や古文読解ではとても重要なものなんですよ。

ところで、**活用**というのは、なんのことだかわかっていますか？

活用とは、簡単にいうと、**ことばが使い方によって形を変えること**。

「書く」という動詞を例にして、もう少しくわしく説明してみましょう。「書く」という動詞は、いつも「書く」という形で使うとは限りません。

まずは次の空欄を埋めてみましょう。

❶ 書□。

❷ 書□取る。

❸ 書□！（命令口調で）

解答 ❶ く ❷ き ❸ け

このように、使い方によって、「書く」が「書**き**」になったり「書**け**」になったりすることを、文法用語で「**活用**」といっています。

教科書にのっている活用表は、活用のしかたに規則を見つけて、要領よく一覧にしたものです。（260～263ページにも動詞や助動詞、形容詞や形容動詞の活用表一覧がのっていますよ！）

それでは、もう一度、「書く」という動詞の活用表を見てみましょう。

基本形	語幹	未然形	連用形	終止形	連体形	已然形《いぜん》	命令形	活用の種類
書く	書	か	き	く	く	け	け	カ行四段活用

この表の右側に、**未然形**とか、**連用形**とか、**終止形**とか、**連体形**とか、**已然形**《いぜん》とか、**命令形**とかって書いてあるでしょう？　これが**活用形**です。

では、活用形とはなんのことなんでしょうか。

ふたたび、「書く」という動詞を例にして説明してみましょう。

何度もしつこいですが、「書く」という動詞は活用します。いつも「書く」という形で使うとは限りませんでしたね。「書く」が「書**き**」になったり、「書**け**」になったりする…。

昔の学者が、「書く」という動詞の活用表をまとめるときに、ふと思いました。

「書く」が活用するときの形に、ひとつひとつ名前を
つけていったら便利なんじゃないだろうか。

これは「書く」という動作が
未然（まだそうなっていない）の形。
「書かず」というのは、
「まだ書いていない」わけだから、
未然形と名づけよう！

下に用言がくるときの形は、
用言を**連**ねているわけだから、
連用形と名づけよう！

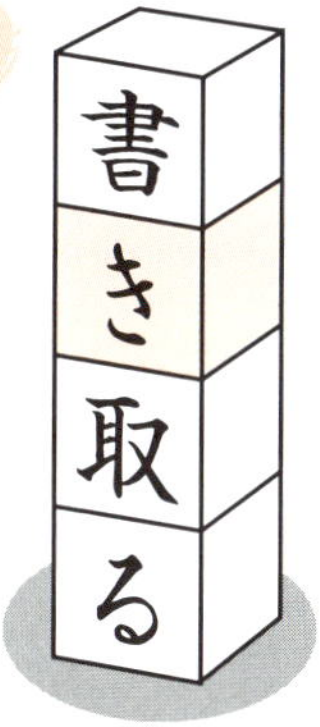

文が**終**わるときの形は、
ここで**止**まるのだから、
終止形と名づけよう！

下に体言がくるときの形は、
体言を**連**ねているわけだから、
連体形と名づけよう！

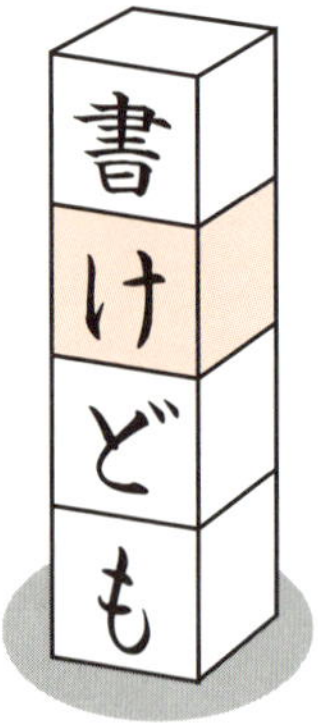

これは「書く」という動作が
已然（もうそうなっている）の形。

「書けども尽くさず」を例文にすると、

「もう書いたけれども、書き尽くしていない」

という意味なんだから、**已然形**と名づけよう！

これは**命令**するときの形だから、
命令形と名づけよう！

こうして、それぞれの活用形に名前がつけられました。

未然形と已然形とは、ちょっとわかりづらいかも知れませんが、助動詞や助詞を勉強するとよく理解できるようになりますよ。

今のところは、大体こんなもんか、と思っていただければ十分です。

確認問題

次の①〜⑥の空欄を埋めましょう。

基本形	語幹	①形	②形	③形	④形	⑤形	⑥形	活用の種類
書く	書	か	き	く	く	け	け	カ行四段活用

①	②	③
④	**⑤**	**⑥**

解答
①未然　②連用　③終止　④連体　⑤已然　⑥命令

★四段活用とは

さて、連用形などの「**活用形**」については理解しましたね。次は「**活用の種類**」についてです。

「えっ…。か、活用形と活用の種類って違うの…？」　そう、違うんです。まずはこれに挑戦！

動詞の活用の種類をすべてあげましょう。

どうです？　活用の種類は全部で**九つ**。まずは動詞の活用を覚えるときに、その基礎となる「**四段活用**」を勉強しましょう。

四段活用は、五十音図の五段（a・i・u・e・o）のうち、四段にわたって活用するものをいいます。

	未然形	連用形	終止形	連体形	已然形	命令形
	書かず	書きたり	書く。	書くとき	書けども	書け！
a	ka					
i		ki				
u			ku	ku		
e					ke	ke
o						

解答　四段活用
上一段活用
下一段活用
上二段活用
下二段活用
カ行変格活用
サ行変格活用
ナ行変格活用
ラ行変格活用

「書く」の場合、「か(a)・き(i)・く(u)・く(u)・け(e)・け(e)」と、「a」「i」「u」「e」四段にわたって活用しているでしょう?

上から四段
a i u e o
だから四段活用と呼ばれました。

四段活用はみんな「a・i・u・u・e・e」と活用します。「移す」の場合も「言ふ」の場合も、

活用形		a	i	u	e	o
未然形	移さず	sa				
連用形	移したり		si			
終止形	移す。			su		
連体形	移すとき			su		
已然形	移せども				se	
命令形	移せ!				se	

活用形		a	i	u	e	o
未然形	言はず	ha				
連用形	言ひたり		hi			
終止形	言ふ。			hu		
連体形	言ふとき			hu		
已然形	言へども				he	
命令形	言へ!				he	

これが四段活用なんですね。

★上二段活用と下二段活用とは

「**上二段活用**」は、五十音図の五段（a・i・u・e・o）のうち、まん中（u）を入れて上に二段で活用するものをいいます。

		a	i	u	e	o
未然形	起きず		ki			
連用形	起きたり		ki			
終止形	起く。			ku		
連体形	起くるとき			ku		
已然形	起くれども			ku		
命令形	起きよ！		ki			

「起く」の場合、「き(i)・き(i)・く(u)・く(u)る・く(u)れ・き(i)よ」と、まん中（u）を入れて上に二段の「i」と「u」だけで活用していますね。

まん中を入れて**上に二段**

a
i
u
e
o

だから**上二段活用**と呼ばれました。

同じように、「**下二段活用**」は、五十音図の五段（a・i・u・e・o）のうち、まん中（u）を入れて下に二段で活用するものをいいます。

	未然形	連用形	終止形	連体形	已然形	命令形
	受けず	受けたり	受く。	受くるとき	受くれども	受けよ！
a						
i						
u			ku	ku	ku	
e	ke	ke				ke
o						

「受く」の場合、「け(e)・け(e)・く(u)・く(u)る・く(u)れ・け(e)よ」と、まん中（u）を入れて下に二段の「e」と「u」だけで活用しているでしょう？

まん中を入れて**下**に**二段**
a・i・u・e・o だから**下二段活用**と呼ばれました。

★四段活用・上二段活用・下二段活用の見分け方

四段活用と、上二段活用、下二段活用は、数があまりにも多いので、「ず」をくっつけて見分けます。

「ず」をつけて見分ける活用

行く＋ず＝行か(a)ず……………四段活用
起く＋ず＝起き(i)ず……………上二段活用
受く＋ず＝受け(e)ず……………下二段活用

「ず」がaの音にくっつくと、**四段活用**。「ず」がiの音にくっつくと、**上二段活用**。「ず」がeの音にくっつくと、**下二段活用**です。

四段活用はちょっと気をつけてほしいことがあります。

「行く」に「ず」をつけて見分けるというと、「**行かず**」ではなく、「**行けず**」にしてしまう人がいます。これはダメです。「行けず」にしてしまうと、「行**け**(e)ず」なので、答えが下二段活用になってしまいますね。

そうならないために、みなさんは、**「～しない」という意味で「ず」をつけるように心がけてください。「～できない」という意味で「ず」をつけてはいけませんよ。**

たとえば、「飛ぶ」。これは、「飛**ば**ず（＝**飛ばない**）」にします。「飛**べ**ず（＝**飛ぶことができない**）」にしてしまうと、答えが下二段活用になってしまいますよ。

「取る」なら、「取**ら**ず（＝**取らない**）」です。「取**れ**ず（＝**取ることができない**）」にするとやっぱり下二段活用になってしまう！「ず」をつけるときは、「～できない」にしてはダメ。これはくれぐれも忘れないようにしてくださいね。

★上一段活用と下一段活用とは

「上一段活用」は、五十音図の五段（a・i・u・e・o）のうち、まん中（u）から上に一段で活用するものをいいます。

	未然形	連用形	終止形	連体形	已然形	命令形
	見ず	見たり	見る。	見るとき	見れども	見よ！
a						
i	mi	mi	mi	mi	mi	mi
u						
e						
o						

「見る」の場合、「み(i)・み(i)・み(i)る・み(i)る・み(i)れ・み(i)よ」と、まん中（u）から上に一段の「i」だけで活用していますね？

まん中から上に一段

a i u e o

だから上一段活用と呼ばれました。

「**下一段活用**」も原理は同じですよ。下一段活用は、五十音図の五段（a・i・u・e・o）のうち、まん中（u）から下に一段で活用するものをいいます。

	未然形	連用形	終止形	連体形	已然形	命令形
	蹴ず	蹴たり	蹴る。	蹴るとき	蹴れども	蹴よ！
a						
i						
u						
e	ke	ke	ke	ke	ke	ke
o						

「蹴《け》る」の場合、「け(e)・け(e)・け(e)る・け(e)る・け(e)れ・け(e)よ」と、まん中（u）から下に一段の「e」だけで活用していますね？

まん中から**下**に**一段**

a i u e o

だから**下一段活用**と呼ばれました。

★変格活用とは

ここまでで説明した、

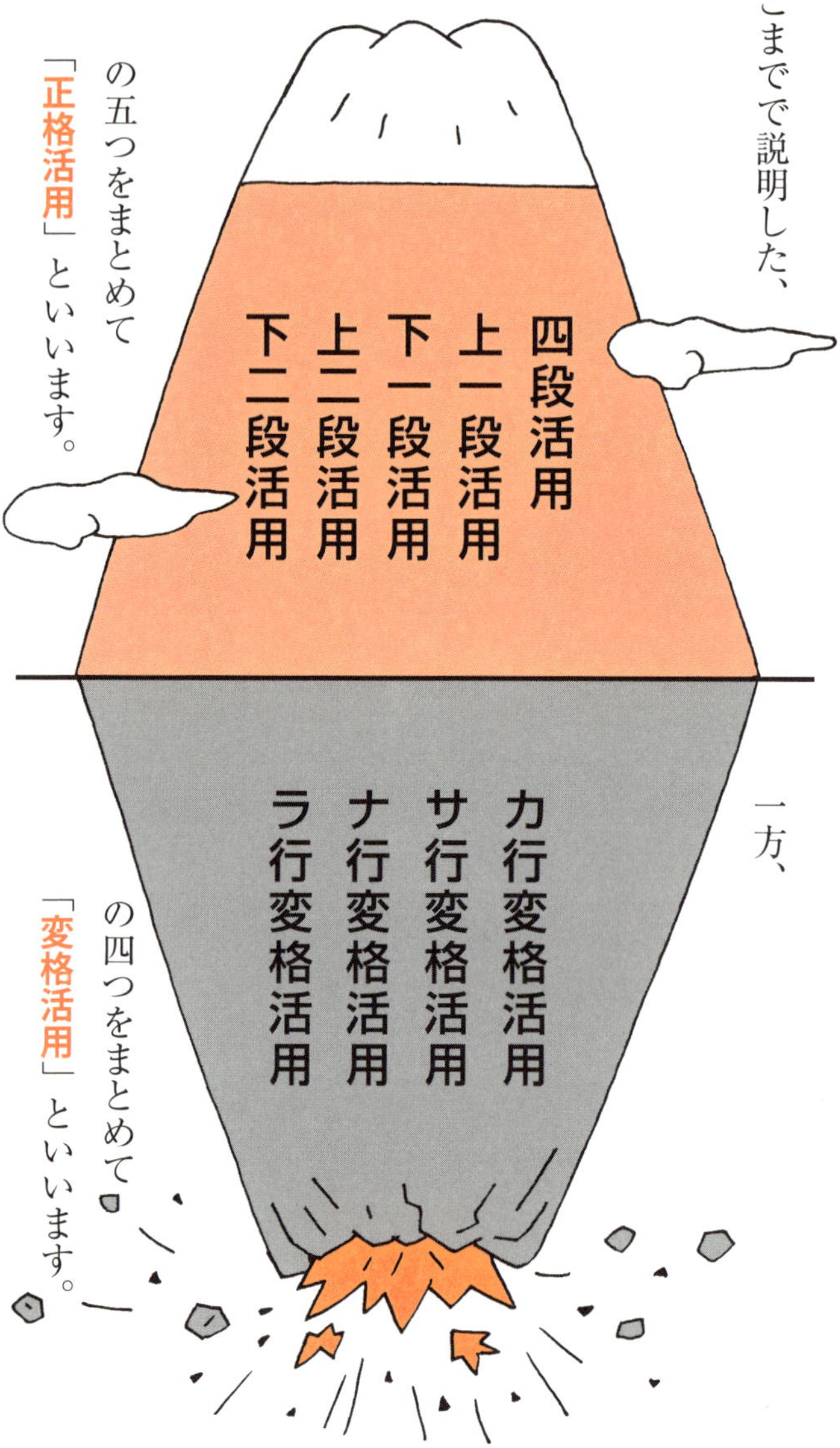

の五つをまとめて「**正格活用**」といいます。

一方、の四つをまとめて「**変格活用**」といいます。

正格活用が規則的できちんとしているのにくらべて、変格活用はどこかにちょっと変テコで困ったところがあります。

ラ行変格活用の「あり」という動詞を例にして説明しましょう。

四段活用

活用形	例	a	i	u	e	o
未然形	書かず	ka				
連用形	書きたり		ki			
終止形	書く。			ku		
連体形	書くとき			ku		
已然形	書けども				ke	
命令形	書け！				ke	

ラ行変格活用

活用形	例	a	i	u	e	o
未然形	あらず	ra				
連用形	ありたり		ri			
終止形	あり。		ri			
連体形	あるとき			ru		
已然形	あれども				re	
命令形	あれ！				re	

四段活用は、「a・i・u・u・e・e」でした。

でも、ラ行変格活用の「**あり**」は、「a・i・i・u・e・e」になっています。終止形の「i」が「u」になっていたら、四段活用に入れてあげられたのに、「あり」はそこだけ変なので四段活用には入れてあげられません。

そんな変テコな「変格活用」の四種類を次のページに記しますので、「正格活用」と比較してみてくださいね。

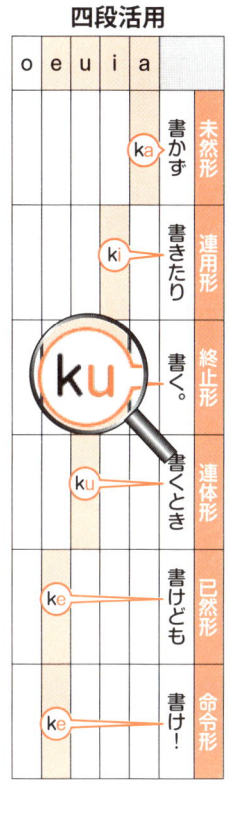

カ行変格活用

「来《く》」の一語のみ

例語	語幹	未然形	連用形	終止形	連体形	已然形	命令形
来	○	こ	き	く	くる	くれ	こ（こよ）

サ行変格活用

「す」「おはす」の二語のみ

例語	語幹	未然形	連用形	終止形	連体形	已然形	命令形
す	○	せ	し	す	する	すれ	せよ

ナ行変格活用

「死ぬ」「往《い》ぬ」の二語のみ

例語	語幹	未然形	連用形	終止形	連体形	已然形	命令形
死ぬ	死	な	に	ぬ	ぬる	ぬれ	ね

ラ行変格活用

「あり」「居《を》り」「侍《はべ》り」「いまそがり」の四語

例語	語幹	未然形	連用形	終止形	連体形	已然形	命令形
あり	あ	ら	り	り	る	れ	れ

★変格活用・下一段活用・上一段活用の見分け方

変格活用と下一段活用は、数が少ないのでマル暗記をしておいてください。

暗記しておく活用

カ行変格活用……………「来《く》」
サ行変格活用……………「す」・「おはす」
ナ行変格活用……………「死ぬ」・「往《い》ぬ」
ラ行変格活用……………「あり」・「居《を》り」・「侍《はべ》り」・「いまそがり」
下一段活用………………「蹴《け》る」
上一段活用*………………「着《き》る」・「見《み》る」・「似《に》る」・「射《い》る」・「干《ひ》る」・「居《ゐ》る」など
十数語

*上一段活用はちょっとややこしいので、**語尾が「(き・み・に・い・ひ・ゐ) る」で終わる動詞**と覚えておきましょう。「着る」「見る」「似る」などはもちろん、「試みる」「用ゐる」なども、語尾が「(き・み・に・い・ひ・ゐ) る」で終わるので上一段活用です。

★語幹って何?

「語幹」ってわかりますか?

四段活用の表を見てください。

基本形	語幹	未然形	連用形	終止形	連体形	已然形	命令形	活用の種類
咲く	咲	か	き	く	く	け	け	カ行四段活用

右端のいちばん上、「基本形」という欄の下に、「語幹」というところがあるでしょう?

基本形っていうのは終止形と同じ。辞書にのっている見出しの形です。

では、語幹というのはいったい何なのでしょうか?

語幹というのは、ひとことでいうと、**活用しても形の変わらない部分**のこと。

たとえば、「咲く」。

語幹！

咲かず
咲きたり
咲く。
咲くとき
咲けども
咲け！

活用語尾

「咲」の部分は形が変わっていませんよね。この形が変わらない部分を語幹と呼んでいます。木にたとえていうと、冬になって葉が落ちたり、人がいたずらして枝が折れることはあっても、幹というのは、めったなことでは折れたりなくなったりしません。幹は形が変わらない部分です。それと同じように、「咲」は、形が変わらないことばの幹のような部分なので、語幹と呼んでいます。

これに対して、「か・き・く・く・け・け」の部分は、**形が変わっています**。**この部分が**、「**活用語尾**」。まるで動物の尾っぽのように、よく動きます。

だから、活用語尾。単に「語尾」と呼ぶ場合もあります。

どうでもいいことかも知れませんが、語幹の欄が「○」になっている動詞がありますね。

基本形	語幹	未然形	連用形	終止形	連体形	已然形	命令形	活用の種類
来《く》	○	こ	き	く	くる	くれ	こ（こよ）	カ行変格活用

これは、**語幹と活用語尾の区別がつかない**という意味です。

語幹が「咲」

咲かず
咲きたり
咲く。
咲くとき
咲けども
咲け！

（咲＝**語幹！**　か・き・く・く・け・け＝**活用語尾**）

語幹が「○」

こず
きたり
く。
くるとき
くれども
こよ！

（**語幹？**　**活用語尾？**）

「咲く」と違って、「来」は、活用しても形の変わらない部分が見つからないでしょう？

こういう場合は、語幹の欄を「○」にしておくのが普通です。

4 形容詞と形容動詞

★形容詞

さて、次は形容詞です。

動詞の活用の種類は九つありましたが、「**形容詞**」は**二つ**だけで、見分け方も簡単。**形容詞の活用の種類は、下に「なる」をつけて見分けます**。「うれしく**なる**」とか、「大人に**なる**」の「**なる**」です。

「高《たか》し」と「美《うつく》し」に「なる」をくっつけてみましょう。

❶ 高□なる

❷ 美□□なる

解答　❶く　❷しく

「高し」のように、「なる」の前が「く」になる形容詞は**ク活用**。「美し」のように、「なる」の前が「**しく**」になる形容詞は**シク活用**です。簡単ですね。ちょっと練習してみましょう。

「よし」はどうでしょうか?
…そうです。「よくなる」だから、ク活用。
「うれし」はどうですか?
…簡単ですね。「うれしくなる」だから、シク活用。

続いて、形容詞の活用表を完成させましょう。

基本形	語幹	未然形	連用形	終止形	連体形	已然形	命令形	活用の種類
高し	高							ク活用
美し	美							シク活用

形容詞の活用は、ク活用だけ覚えておけば大丈夫です。シク活用は、終止形以外の活用形に「し」を乗っければク活用と同じです。正解は次の通り。

基本形	語幹	未然形	連用形	終止形	連体形	已然形	命令形	活用の種類
高し	高	○ から	く かり	し ○	き かる	けれ ○	○ かれ	ク活用
美し	美	○ しから	しく しかり	し ○	しき しかる	しけれ ○	○ しかれ	シク活用

形容詞の活用については、気をつけてほしいことが二つあります。

1 本活用と補助活用

動詞と違って、形容詞は活用が二行ありますね。

右側が、「**○・く・し・き・けれ・○**」。

左側が、「**から・かり・○・かる・○・かれ**」。

右側を本活用といい、左側を補助活用といいます。左側をカリ活用と教える学校もありますが、そんな違いは入試問題に出ないからどっちでもOK。

基本形	語幹	未然形	連用形	終止形	連体形	已然形	命令形	
高し	高	○	く	し	き	けれ	○	→ **本活用**
		から	かり	○	かる	○	かれ	→ **補助活用**

みなさんに忘れないでほしいのは、**補助活用は下に助動詞がつく**、という点です。たとえば、助動詞「けり」というのがあります。これが形容詞「高し」の連用形にくっつく場合は、次のようになります。

本活用　助動詞
× 高く けり
補助活用　助動詞
○ 高かり けり

助動詞は
補助活用に
くっつく！

助動詞はまだ勉強していませんから、みなさんはピンとこないかもしれませんが、この知識は将来いろいろなところで使うことになりますから、必ず覚えておいてくださいね。

2 本活用の未然形

もう一つは、未然形の問題です。
形容詞の未然形は、学校によって教え方が違います。

	未然形	連用形	終止形	連体形	已然形	命令形
Ⓐ	○	く	し	き	けれ	○
	から	かり	○	かる	○	かれ
Ⓑ	く	く	し	き	けれ	○
	から	かり	○	かる	○	かれ

みなさんの学校は、Ⓐ・Ⓑどちらのパターンでしたか？

どちらで覚えてもまちがいではないのですが、**ぼくはⒶをおすすめしています**。

理由は単純。未然形に「く」を入れていると、入試問題を解くときに損をすることはあっても得をすることはないからです。

たとえば、「高くなむ」。この「高く」は連用形なんですが、「く・く・し・き・けれ」と覚えていると、未然形かなと思ってしまいますよね。

そういうことにならないように、本活用は「○・く・し・き・けれ」と覚えておくことにしましょう。

★形容動詞

続いて「**形容動詞**」です。ちょっと難しいですが、次の活用表を完成させましょう！

基本形	語幹	未然形	連用形	終止形	連体形	已然形	命令形	活用の種類
静かなり	静か							ナリ活用
堂々たり	堂々							タリ活用

形容動詞の活用の種類は、**ナリ活用**と**タリ活用**の二つです。
見分け方なんて覚えておかなくても大丈夫。

「静かなり」というふうに、**終止形が「なり」で終わっていればナリ活用。**
「堂々たり」というふうに、**終止形が「たり」で終わっていればタリ活用。**

正解は次のようになります。

基本形	語幹	未然形	連用形	終止形	連体形	已然形	命令形	活用の種類
静かなり	静か	なら	なり に	なり	なる	なれ	なれ	ナリ活用
堂々たり	堂々	たら	たり と	たり	たる	たれ	たれ	タリ活用

古文を読んでいると、タリ活用はほとんど出てきません。ナリ活用ばかりが出てきます。みなさんは、よく出てくるナリ活用の方をしっかりと覚えておいてくださいね。

5 係り結びの法則

さて、次は「**係り結び**」です。中学校のころに習った人もいますか？

次の一覧表を完成させましょう。

□			疑問	反語
こそ	ぞ	なむ	や	か
已然形	□形			

強調			疑問	反語
こそ	ぞ	なむ	や	か
已然形	連体形			

正解は下のとおり。

この表は、**係り結びの法則**を一覧にしたものです。

係り結びの法則っていうのは、どういうものだか知っていますか？

ふつうの文末

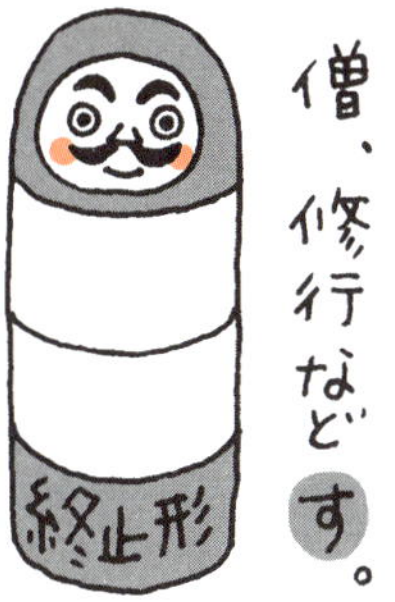
僧、修行などす。
終止形

これは、昔の日本語にあって、今はなくなってしまった変テコな日本語の構文です。

日本語の文末は、ふつう終止形で終わります。

ところが、昔の人が文中に「**ぞ・なむ・や・か**」のどれかを使うと、それが後ろに係って、文末が**連体形**になってしまいます。「**こそ**」を使うと、それが後ろに係って、文末が**已然形**になってしまいます。

ぞ・なむ・や・か

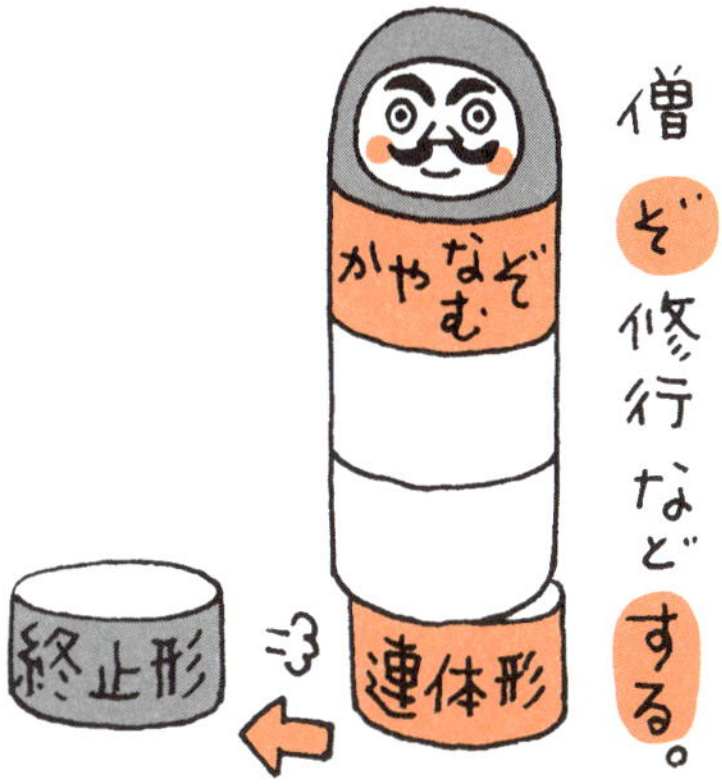
僧ぞ修行などする。
ぞなむやか
連体形
終止形

こそ

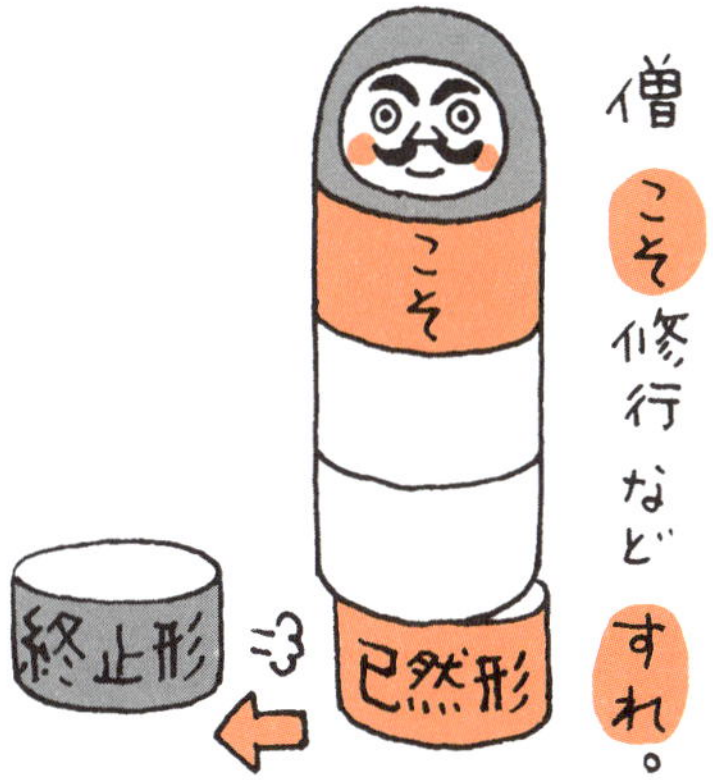
僧こそ修行などすれ。
こそ
已然形
終止形

このおかしな現象を、江戸時代の学者が発見して、整理しました。

なぜこんな現象が起こったのかはわかっていません。将来、係り結びを解明できる人が出てくるといいですね！

じゃあ、なぜそんなわけのわからないものを中学生のときに勉強するかというと、ほら、あの『竹取物語』っていうのがあるでしょう？　かぐや姫のお話。

あれが日本では古文の最初の第一歩なんです。古文の勉強は、北海道から沖縄まで、どこの子どもたちもかぐや姫から始まる。

その『竹取物語』に、

① 今は昔、竹取の翁といふ者ありけり。
② 野山にまじりて竹を取りつつ、よろづのことに使ひけり。
③ 名をば、さかきの造《みやつこ》となむ言ひける。

と書いてあるんです。
①はいいんですよ。ここでみなさんは、**「けり」は過去の助動詞**なんだって教えてもらいます。
そして②に行きますね。これも問題なし。文末の「**けり**」は過去なんだっていわれる。

でも③が問題。ここで、「けり」のはずの過去の助動詞が「**ける**」になってる。

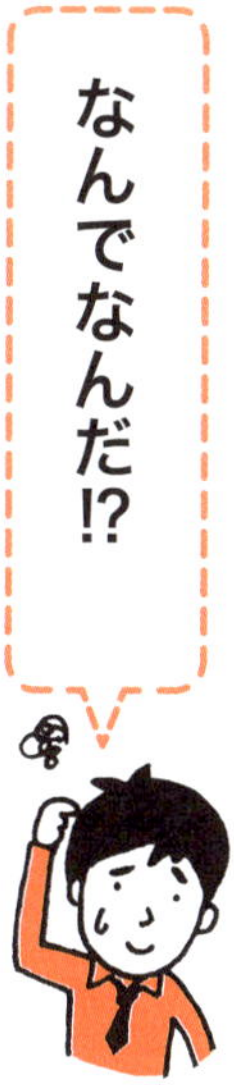

って、賢い中学生は思うでしょう？「なんで③だけ『けり』じゃなくて『**ける**』なんだよ」と。

そのときのいいわけが、これなんです。

③　名をば、さかきの造と**なむ**言ひ**ける**。

③は、**上に「なむ」があるから、これがかかってきて「ける」になってる**。だから、これでいいんだ。不思議に思わなくても大丈夫。こういうのを**係り結びの法則**っていって、これからもよく出てくるからよろしくね。

そう教えておけば、子どもたちも不思議に思うことはありませんよね。これが、係り結びを古文の入門期に教えることの意味なんです。

6 助動詞と助詞がなぜ大切か

『**源氏物語**』という作品がありますね。

全部で五十四帖《ごじゅうしじょう》。


あの膨大な長編が、いくつのことばで書かれているか調べてみた学者がいます。

数えてみると、全部でだいたい**四十万語**あったそうです。

その四十万語をことばの性質によってさらに種類分けすると、**動詞**・**形容詞**・**形容動詞**・**名詞**・**連体詞**・**副詞**・**接続詞**・**感動詞**・**助動詞**・**助詞**のどれかに当たります。

日本語はこの十品詞でできているので当たり前ですよね。

ところで、この四十万語のうち、**助動詞**と**助詞**はいくつぐらいあったとあなたは思いますか?

聞いてびっくり!

答えは**二十万語**です。『源氏物語』の半分ぐらいが助動詞と助詞だったわけですね。

あとの二十万語が、動詞・形容詞・形容動詞・名詞・連体詞・副詞・接続詞・感動詞。

ということは…。

『源氏物語』は入試問題に頻出で、これが読めれば他の物語は何でも読めるといわれるほどの作品です。

そのなかの半分が助動詞であるということは、助動詞と助詞をマスターすれば、少なくとも『源氏物語』の半分は誰《だれ》でも理解できるということになります。

逆にいうと、助動詞・助詞をマスターしていない人が『源氏物語』を読んでも、半分は絶対わからない。

助動詞と助詞は、種類でいうと大した数にはなりません。

勉強しておかないといけない項目は、数え方にもよりますが、せいぜい二十個ぐらい。

この二十個をマスターしておけば、みなさんは『源氏物語』の半分をマスターしたことになります。

『源氏物語』なんて大げさな作品を持ち出さなくても、教科書を見れば十分。

ちょっと次の文章を読んでみてください。

昔、あてなる男ありけり。

昔、高貴な男がいた。（＝在原業平）

その男のもとなりける人を、内記《ないき》にありける藤原敏行《ふぢはらのとしゆき》といふ人よばひけり。

その男の邸《やしき》にいた人に、（＝侍女）内記であった（＝宮中の役職のひとつ）藤原敏行という人が求婚した。

されど若**けれ**ば、文もをさをさしからず、
けれども求婚された侍女は若かったから、恋文も上手に書けず、

ことばもいひしらず、いはむや歌はよま
愛のことばのいいかたも知らず、まして歌は詠まなかったから、

ざり**けれ**ば、かの主《あるじ》なる人、案を書きて、
あの女の主人である人が、下書きを書いて、
（＝在原業平）

書かせてやり**けり**。
女に恋文を清書させせて、敏行におくった。

めでまどひに**けり**。
敏行はひどく感心した。

『伊勢物語』


高校一年生で勉強する『伊勢物語』の一節です。

見てほしいのは、「けり」が七回も出てくること。

「けり」は**助動詞**です。

最初のうち、みなさんは、動詞にくっつくことばが助動詞だと思っておけばいい。

助動詞が助動詞にくっつくこともあるのですが、そんなややこしいことは、必要にせまられたときに、また勉強すればいいんですね。

とにかく、助動詞は動詞にくっつくのが基本です。

それでいろいろな意味をあらわします。

古文

動詞 **あり** ＋ 助動詞 **けり**（意味をそえる）

「けり」の場合は**過去**です。現代語でいえば、「**た**」という助動詞と同じ。

現代語

動詞 ＋ **た**

上の動詞が過去になる

（例）行っ**た**

あっ**た**

古文

動詞 ＋ **けり**

上の動詞が過去になる

（例）行き**けり**

あり**けり**

「けり」は過去の意味をあらわすので、**過去の助動詞**と呼ばれています。

現代語で、「た」がつけば上の動詞が過去になるように、古文では「けり」がつけば上の動詞が過去の意味になります。

「行く」はそのまま「行く」ですが、「行き**けり**」は「行っ**た**」という意味。

「あり」はそのまま「ある（いる）」ですが、「あり**けり**」は「あっ**た**（い**た**）」という意味。

その過去の助動詞「けり」が、さっきの伊勢物語を見ると、たった八行で七回も出てきています。

こんなにたくさん出てくる「けり」。こいつが、過去の助動詞だと知らないで、古文が読めると思いますか⁉


だから、まず、助動詞です。

それから助詞をマスターする。


この二つが完璧になったら、いつでも古文読解に進めるし、入試問題に取り組むこともできます。

助動詞と助詞が、古典文法の重要ポイントになるわけですね。

その大事なところに、これから入っていこうと思います。

なるべくやさしく説明するつもりですので、みなさんもがんばって勉強してください！

実践編

助動詞・助詞・敬語

1 助動詞マスターのポイント

★助動詞マスターのポイント1

傍線部の助動詞の意味を、訳すのではなく、「過去」「完了」といった文法用語で答えましょう。

花咲かむ。

どうでしょう。答えはわかりましたか…？

わからなかったと思いますよ（笑）。わかったら変です。

だって、まだ、この助動詞やってないもん…。

教えてあげてないものをやれというのはおかしな話です。でも、いちおう考えてみるっていうのも大事なこと！ これからいろいろな例題を出していきますが、ぼくはいつもみなさんに無理なことをお願いします。

だから、みなさんは、ダメで元々って気分で、例題に取り組んでくださいね。

説明を読んでくれて、それでわかればいいんですよ。

そのための例題なんだから。

この「む」はまぎれもなく助動詞ですよね。

古文

咲か（動詞）む（助動詞）。


でも、何の助動詞だかわからない。

前の章でやったように、助動詞は古文読解に不可欠なものです。

それで、何から助動詞を勉強すればいいかというと、それはやっぱり「**意味**」だと思います。

助動詞マスターのポイント1
まず意味を覚えよう！

コラム 古典文学ワンポイントレッスン①〜⑫

①竹取物語

『竹取物語』は、竹の中から生まれた九センチぐらいの「かぐや姫」が、三ヶ月で一五〇センチぐらいの美女になったというお話です。タケノコっていうのは、雨が降るとびゅんびゅん背がのびるでしょう？ だから、かぐや姫はタケノコなんですね。そのタケノコが最後に月に帰るなんて、現実にはありえない話。こういうありえない話を、古文では「**伝奇物語**」といっています。

助動詞は、動詞にくっついて、何らかの意味をそえるものです。
これを覚えていないと、古文に何が書いてあるのかがわかりません。
答えをいうと、この「む」の意味は「**推量**」です。

外国人が日本語を勉強するときだってそうなんですよ。
外国の人は、「た」は過去の助動詞、「う」は意志の助動詞って覚える。

現代語

書い**た**。（過去）

書こ**う**。（意志）

「た」と「う」の意味を知らないと、「書いた」という日本語や「書こう」という日本語の意味がわかりませんよね。

②伊勢物語1

『伊勢物語』は、文学史用語で「**歌物語**」といわれています。「歌物語」というのは、ある有名な歌がどんないきさつで作られたかを描く一話完結の短編のこと。他の歌物語に、『**大和**《やまと》**物語**《ものがたり》』『**平中物語**《へいちゅうものがたり》』があることも忘れないでくださいね。『伊勢物語』と同じジャンルの作品を選べ、という問題が入試では超頻出です！

それと同じように、みなさんは、「**む**」は**推量の助動詞**で〈**～だろう**〉と訳す、ってことをまず頭に入れないといけない。

古文

花咲か[む]。

「む」は推量の助動詞で訳は〈～だろう〉。だからこの文は、「花が咲くだろう」という意味！

だから、みなさんはまず、これからやる助動詞について、その意味と訳し方を一つ一つきちんと覚えていってください。

56ページの解答　推量

③伊勢物語2

『伊勢物語』は平安時代きっての「色好み」として有名な在原業平《ありわらのなりひら》の一代記。「色好み」っていうのは、必ずしもわるいことばではなかったんですよ。恋愛至上主義ってわかりますか？　当時の「色好み」はそれに近い。人生で恋愛をいちばん大事なものと考え、命がけでそれに取り組む人。かっこいいですね。そういうのが「色好み」だったんです。

★助動詞マスターのポイント2

でも、意味を覚えたらそれだけでいいかというと、それではまだ不完全です。

次にみなさんは、「**助動詞の活用**」を覚えないといけない。

ちょっと次の古文を見てください。

この「め」も助動詞です。

「咲か」という動詞にくっついているわけですからね。

で、これは何の助動詞かというと、さっきの「む」と同じ。**推量の助動詞で**〈**～だろう**〉と訳します。

④源氏物語・宇治十帖《うじじゅうじょう》

『源氏物語』は、光源氏の一生とその恋愛遍歴を描いた長編物語ですが、途中で光源氏は亡くなってしまいます。源氏がいなくなってからの『源氏物語』は「宇治十帖」と呼ばれています。「宇治十帖」の主人公は、光源氏の次の世代の若者たち。かわいい浮舟《うきふね》という女の子が、薫《かおる》と匂宮《におうのみや》というふたりの貴公子の板ばさみになって苦しむという三角関係のお話です。

係り結びの法則というのを覚えていますか??

（忘れた人は46ページへ！）

「花**こそ**咲か**め**」は係り結びの文です。「こそ」の結びで、「む」の形が已然形の「め」に変わっているだけで、「む」と「め」は同じ助動詞。

とすると、みなさんは意味のほかに、

基本形	未然形	連用形	終止形	連体形	已然形	命令形	主な意味
む	○	○	む	む	め	○	推量

という「む」の活用を覚えていないとまずいことになる！

活用を知らないと、「む」と「め」が同じなんだということに納得がいきませんからね。この「め」が「む」と同じだとわかれば、さっきの古文の意味は、やっぱり「花が咲くだろう」なんだとわかります。

⑤土佐日記1

平安時代の日記は、男性が漢文でその日に起こったできごとを記録するものでした。自分の生活を全部書いておいて、それを息子にあげるんです。みなさんも、高校生のときのお父さん・お母さんはどんな毎日を送っていたのかな…と思ったことがあるでしょう？きっと当時も息子が何か困ったり、悩んだりしたときには、お父さんの日記を開いてみたんですね。すると、そこに生きるヒントが見つかったりしました。

助動詞マスターのポイント2

次に活用を覚える！

さて、助動詞の活用を覚えるのには近道があります。

それは、まず**用言（動詞・形容詞・形容動詞）の活用を完璧にすること**。

用言の活用を完璧に覚えていたら、助動詞の活用を覚えるのはずいぶんラクになるんですよ。

ちょっと例をあげてみましょう。

みなさんは、ラ行変格活用（以下、省略してラ変と呼びます）の活用をきちんと覚えていますか？

ラ変動詞「あり」の活用はこうでした。

ラ変	未然形	連用形	終止形	連体形	已然形	命令形
あり	ら	り	り	る	れ	れ

⑥土佐日記2

『土佐日記』は、紀貫之《きのつらゆき》という男性が書いた、日本で最初の「かな」日記です。それまで日記は男性が漢文で書くものとされていました。だから、紀貫之は「かな」日記の開拓者なんです。「かな」はそのころ女性の文字でした。女性の文字ですから、紀貫之も女性になりきって『土佐日記』を書きました。男が「かな」で書くというのは、なんだか不自然なことだったんですね。

ラ変の「あり」は「ら・り・り・る・れ・れ」と活用しますが、「り」で終わる助動詞は、みんなラ変と同じように活用します。

例をあげてみましょう。

ラ変型	未然形	連用形	終止形	連体形	已然形	命令形	主な意味
けり	けら	○	けり	ける	けれ	○	過去
たり	たら	たり	たり	たる	たれ	たれ	完了

過去の助動詞「けり」も完了の助動詞「たり」も基本的に「ら・り・り・る・れ・れ」と変化しているでしょう。こういうパターンで活用する助動詞を、ラ変の活用に似ているので**ラ変型**と呼んでいます。

ちなみに活用形の中の「○」の部分は、そんな形は古文には出てこない、ということでしたね。

⑦土佐日記3

『土佐日記』は、土佐（高知県）から船で京都に帰ってくるまでの紀行文です。紀貫之は土佐の役所のトップに任命され、四年の任期で土佐に赴任していました。かわいそうなことに、紀貫之は土佐で娘さんの一人を亡くしています。その悲しみを、男として書くのは恥ずかしいことでしたが、女性に化けて書けばどんなに情けないことでも遠慮なく書くことができました。

ラ変型だと知っておくと、忘れたときに思い出しやすくなりますから、念のため記憶してくださいね。

あと、**四段型**・**ナ変型**・**サ変型**・**下二段型**・**形容詞型**・**形容動詞型**などがありますが、理屈はみな同じです。（260・261ページの活用表でチェックしてみましょう！）

用言の活用をしっかり覚えておくと、助動詞はたいていそれと同じように活用するから、新たに覚え直す必要がなくなったり、覚えるのがラクになったりします。

用言の活用をまだ覚えていない人は、今からでも遅くありません。ウォーミングアップ編にもどって覚え直しましょう。

助動詞の暗記でラクをするために！

ところが、です。

助動詞の中には、三つだけ用言の活用とは違う活用をするものがあります。

打消の意味をもつ「ず」と過去の意味をもつ「き」と反実仮想の意味をもつ「まし」。

⑧土佐日記4

漢字のことは「真名《まな》」といい、かなは「仮名《かな》」と書きました。「真名」は「本当の文字」という意味、「仮名」は「間に合わせの文字」という意味です。男は「安」という漢字を知っているので、そこから出来た「あ」というひらがなも読み書きができました。女はふつう「あ」しか知らないので、男は女とコミュニケーションをとるときだけ、かなを使っていました。紀貫之は両方知っているので、かなで『土佐日記』が書けたんですね。

これは、用言とは全然違う活用をするので、新たに覚え直さないといけません。
こうなります。

特殊型	未然形	連用形	終止形	連体形	已然形	命令形	主な意味
ず	○	ず	ず	ぬ	ね	○	打消
	ざら	ざり	○	ざる	ざれ	ざれ	
き	せ	○	き	し	しか	○	過去
まし	ませ ましか	○	まし	まし	ましか	○	反実仮想

この三つは、用言の活用とは違うので、**特殊型**と呼ばれます。
これは面倒でも、用言の活用とは別個にちゃんと覚えるようにしてくださいね。

⑨蜻蛉日記《かげろうにっき》1

『蜻蛉日記』の作者は、藤原道綱《ふじわらのみちつな》の母《はは》。彼女の夫は、当時いちばんの政治家だった藤原兼家《ふじわらのかねいえ》でした。平安時代の結婚は「通い婚」です。夜になると男が女のもとに通って行くんですね。そして、女の人にとってはひどい話ですが、「一夫多妻」の時代でもありました。男は本妻だけじゃなくて、ほかに何人側室《そくしつ》（本妻以外の妻）をもってもいい時代なんです。道綱の母はその側室のひとりでした。

★助動詞マスターのポイント3

傍線部の動詞の活用形（未然形・連用形など）を答えましょう。

暁に、起きたり。

助動詞は、**意味**と**活用**を覚えただけではまだ不十分です。
最後に、「**接続**」を覚えないといけない。
接続って何のことだかわかりますか？
助動詞は動詞につくのが基本でしたよね。

こんなふうに、助動詞が動詞などにくっつくことを、難しくいうと「**接続**」といいます。

右の例の場合、**助動詞の「たり」が上二段活用の「起く」に接続している**、と表現するわけです。

大切なのは、すべての助動詞は動詞の下につく時に、上の動詞の活用形が何形になるかが決まっていることです。

打消の助動詞「**ず**」の上は**未然形**、**過去**の助動詞「**たり**」の上は**連用形**、**推量**の助動詞「**べし**」の上は**終止形**、というように…。

？形 ―― **助動詞**

（例）

未然形 ―― **ず**

連用形 ―― **たり**

終止形 ―― **べし**

「ず」の上は必ず**未然形**です。

「ず」の上に、連用形とか終止形が来ることは絶対にありません。

この、「ず」の上は必ず未然形になる、という決まりを「**助動詞の接続**」といいます。

⑩蜻蛉日記2

誰だって、愛した人には自分も愛されたいものです。だから道綱の母も、「夫が毎日自分のところに通ってくれればいいのに」と蜻蛉日記に書いています。そんなこと言ったって、他にもいっぱい妻がいるからしょうがないんですけど、道綱の母には変なプライドがありました。彼女は「本朝三美人」、つまり当時の日本三大美女のひとりだったんです。あんまりきれいなのも考えものですね。

助動詞マスターのポイント3

助動詞の接続を覚えよう！

助動詞の接続を覚えていないと、将来いろいろなところで困ってしまうことになるんですよ。

どんなところで困るのか…。

数え上げるときりがないのだけれど、当面は最初にやってもらった例題の解答が出ませんね。

暁に、起きたり。

この「起き」の活用形を聞く問題でした。

「起く」は**上二段活用**なので、

基本形	未然形	連用形	終止形	連体形	已然形	命令形
起く	き	き	く	くる	くれ	きよ

⑪更級日記《さらしなにっき》1

『更級日記』の作者は、菅原孝標《すがわらのたかすえ》の女《むすめ》です。平安時代の女の人は、あまり名前が伝わっていません。紫式部というのも清少納言《せいしょうなごん》というのも、みんなニックネームみたいなもの。紫式部は「藤原香子《ふじわらのかおりこ》」だったという説がありますが、信じる人はあまりいません。女性が名前をみだりに公表しなかったのは、名前が知られると人に呪《のろ》いをかけられるからだという恐ろしい説があります。

と活用します。

とすると、「**起きたり**」の「起**き**」は、**未然形**か**連用形**のどちらか。

これでは、どっちが正解なのか判断できません。

こんなとき、決め手になるのが、**助動詞の接続**です。

と覚えていると、この「起き」は**連用形**だって自信をもって答えられますよね。

起き **たり**
連用形

助動詞の接続は、こんなふうに、古文の問題を解いたり、古文を読解したりするときに、重要な道具として使っていきます。

だからみなさんは、絶対覚えておかないといけない！

⑫更級日記2

菅原孝標の女は幼いころ、お父さんの仕事の都合で、京都から千葉に行って育ちました。更級日記のはじめには、千葉から京都に帰るようすが描かれています。彼女は『源氏物語』が大好きで、夢中になって『源氏物語』を読んでいますが、だからといって彼女が特に勉強好きだったわけではありません。平安時代の女の子にとって、『源氏物語』は、今の女の子が少女マンガを読むようなものでした。

66ページの解答　連用形

接続の覚え方

助動詞の接続を覚えるときには、「『ず』の上は未然形、『たり』の上は連用形…」と一つ一つ覚えるのではなくて、まとめてしまう方が賢い覚え方です。未然形につく助動詞はこれとこれとこれ。連用形につく助動詞はこれとこれとこれって、まとめて覚えてしまうわけです。

❶ 未然形接続

る・らる・す・さす・しむ・ず・む・むず・まし・じ・まほし

頭文字をとって、「ま・む・ま・じ・ら・す・さ・る・し・ず・む（マンマじらす、猿、しずむ）」と覚えましょう。

❷ 連用形接続

き・けり・つ・ぬ・たり・たし・けむ

頭文字をとって、「た・け・き・つ・た・ぬ・け（竹切った、抜け！）」と覚えてもいいですね。**今はまだこだわらなくてもいいかも知れませんが、ここに出ている「たり」は完了の助動詞です。断定の助動詞にも「たり」があって、それは連体形につきます。**

❸ 終止形接続
らむ・めり・らし・べし・まじ・なり

頭文字をとって、「ま・め・な・ら・ら・べ（豆、並べ）」と覚えてもいいですね。基本的には終止形につきますが、上にラ変型の活用語（ラ変の動詞やラ変型の助動詞）が来るときは連体形接続になりますから注意してください。**今はまだ必要ないかも知れませんが、ここに出ている「なり」は伝聞推定といわれる助動詞です。断定の助動詞「なり」は名詞・連体形につきます。**

❹ 特殊なもの
り

サ変は未然形、四段は已然形につきます。ゴロを合わせて、「り（かちゃん）、さ・み・し・い」と覚えてもいいですね。

この他にもいろいろな接続の助動詞がありますが、今はとにかくこの四つを完璧に覚えてくださいね！

2 過去の助動詞「き・けり」

助動詞のトップバッターは**過去**の助動詞です。すでに学校で勉強していると思いますが、ここでもう一度おさらいをしてみましょう。

古文で使う過去の助動詞を二つ答えましょう。

現代語の過去の助動詞は「**た**」一つしかありませんが、古文では「**き**」と「**けり**」とがあります。「書く」という動作を過去にする場合、現代語では「書い**た**」としか言わないのに、古文では「書き**き**」と「書き**けり**」という二つの言い方があります。

書く
- **現代語** 書い**た**
- **古文** 書き**き** ／ 書き**けり**

昔は二つの言い方があったということは、何か役割分担があったはずです。

コンビニでもそうですよね。

店員さんが二人いたら、一人は商品を並べて、一人はレジ打ちをする。店員さんが一人しかいなかったら、一人で何もかもしないといけません。

過去の助動詞は、その、コンビニの店員さんみたいなことになっています。

現代語の助動詞「た」くんは、一人で何もかもやるんですが、古文の助動詞「き」くんと「けり」くんには、何か役割分担があるはずです。

「き」くんと「けり」くんの違い。これは大丈夫でしょうか？

き　**直接経験**の過去（**体験過去**）　**〜た**

けり　①**間接経験**の過去（**伝聞過去**）　**〜た・〜たそうだ**
②詠嘆《えいたん》　〜だなあ・〜ことだ

同じ過去の助動詞でも、「き」は**直接経験の過去**、「けり」は**間接経験の過去**をあらわします。

直接経験と間接経験というと、何か難しそうに聞こえますね。

でも、内容は簡単ですから安心してください。


直接経験というのは、簡単に言えば、自分がやったこと。

間接経験というのは、簡単に言えば、人から聞いたこと。


例をあげてみましょう。

たとえば、みなさんが昨日の夜、日記を書いたとします。それを古文にすると、

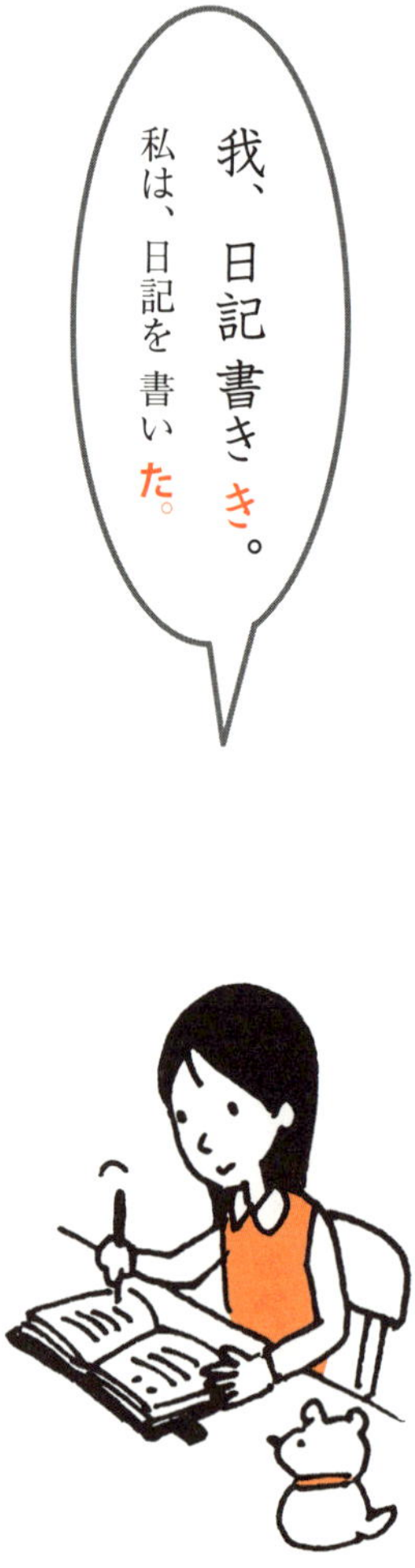

ということになります。日記を書いたのは、みなさんが自分でやったことですからね。

一方、明治時代に樋口一葉《ひぐちいちよう》という作家がいました。五千円札に描かれている女の人です。その人が日記を書いたということを、学校の授業でみなさんが先生から聞いたとします。これは、

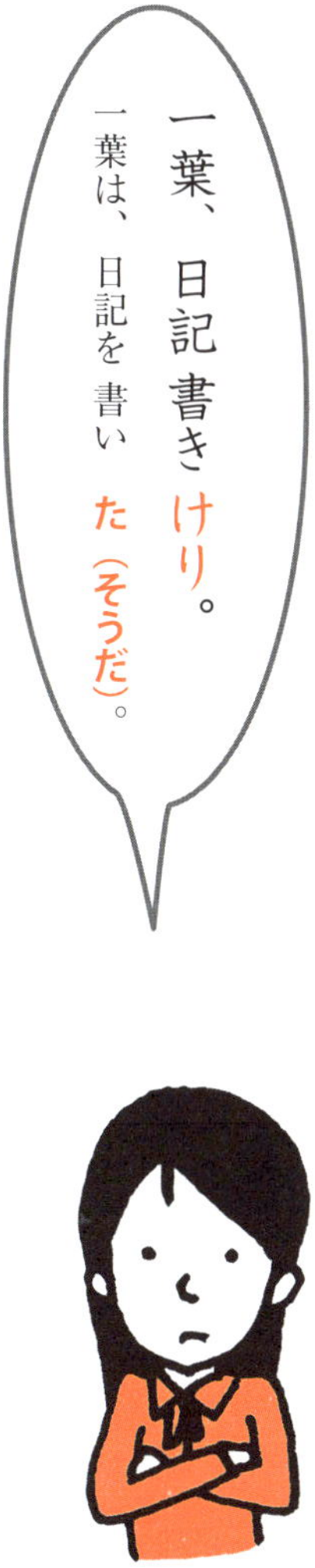
一葉、日記書きけり。
一葉は、日記を書いた（そうだ）。

といいます。日記を書いたという行為は、みなさんが先生から聞いたこと。自分でやったことではありませんからね。

「**けり**」の方は、人から聞いたことなので、「書い**た**」と訳さずに「書い**たそうだ**」って訳してもかまいません。「一葉は、日記を書い**た**」でも「一葉は、日記を書い**たそうだ**」でもOK。

「き」はダメですよ。「き」は「書い**た**」としか訳せません。「私は、日記を書い**た**」はOKですが、「私は、日記を書**いたそうだ**」ではいけません。

しかし、入試では、この「き」と「けり」のちがいは、あまり問題になりません。基礎知識ですから知っておくのは大事なことだけど、入試問題として出題されることはそんなに多くないんです。

入試で大事なのが、「けり」の「**詠嘆用法**《えいたん》」。

けり
①間接経験の過去（伝聞過去）　～た・～たそうだ
②**詠嘆**　**～だなあ・～ことだ**

「けり」は過去だけではなくて、詠嘆の意味でも使います。「詠嘆」というのは、難しい言い方ですが、わかりやすく言うと「**感動**」のことです。

「ああ、きれいな花だなあ」とか、「すばらしい小説だなあ」と言って感動する。これが**詠嘆**です。

「けり」のように、一つの助動詞に二つの意味があるときは、**どんなときに過去になって、どんなときに詠嘆の意味になるのかの区別が大切です**。

「けり」が過去ではなく、詠嘆の意味になるのはどんなときなのでしょうか？

実践編

助動詞

「けり」が詠嘆になる場合

① 和歌中
② 会話文中
③ 「なりけり」の「けり」

例をあげてみましょう。

1

人もなき
空《むな》しき家《いへ》は草枕《くさまくら》
旅にまさりて
苦しかりけり
『万葉集《まんようしゅう》』

【訳】妻のいなくなった空しい家は、旅にもまさって苦しいものだなあ。

これは、**和歌中に「けり」が使われている例**です。和歌の作者は大伴旅人《おおとものたびと》という人。任地におもむいている間に妻が亡くなり、そのあとに詠んだ歌です。昔の旅は命がけの苦しいものでした。でも、その苦しみより、妻のいない家の方がもっとつらいものだったのだなあ…ということに気づき、妻の不在を嘆いています。感動は感動でも、マイナスの感動ですね。

2

「犬なども、かかる心あるものなりけり」と笑はせ給《たま》ふ。

『枕草子』

【訳】「犬などにも、こうした（人間のような）心があるものなのだなあ」といって、（天皇が）お笑いになる。

これは、**会話文中に「けり」が使われている例**。名前を呼ばれて激しく吠《ほ》える犬の様子を見て、「まるで人間みたいだなあ」と、一条《いちじょう》天皇という人が感動している場面です。

3

今宵《こよひ》は十五夜なりけり。

『源氏物語』

これは、**「なりけり」の「けり」**です。兵庫県の須磨《すま》というところにいる光源氏が、美しい月を見て「今夜は十五夜だったのだなあ」と思い出し、都のお月見をなつかしんでいる場面です。今でいえば、外国に留学している日本人学生が、街角で売ら

【訳】 今夜は十五夜だったのだなあ。

れているクリスマスケーキを見て、「今晩はクリスマスだったんだなあ」って、実家での一家団欒《だんらん》を思い出してしみじみする。そういう感動ですね。

最後に注意事項を一つだけ。

一つ目の和歌中で使われる「けり」は、ほぼ一〇〇%詠嘆と考えていただいていいのですが、**二つ目の会話文中と三つ目の「なりけり」とは、一〇〇%詠嘆になるとは言い切れません**。会話文中でも「けり」が過去で使われたり、「なりけり」の「けり」が過去で使われたりしている例も出てきます。

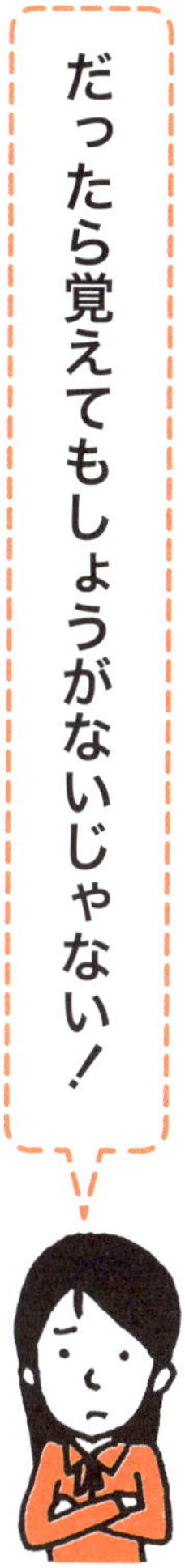

そんなふうに怒る人がいるかもしれませんけど、ちょっと考えてみてください。「けり」が過去で使われるなんて、みんながよく知っていることなんです。

みなさんだって知っていたでしょう。

でも、**詠嘆**は忘れてしまう。みんなが弱いのは**詠嘆**の方なんです。

だから、入試に「けり」が出るときは、詠嘆があぶない！

過去の「けり」に傍線を引っぱって、この「けり」は何ですかって聞いたって、出題者はおもしろくありません。みんな正解を出してしまいますからね。

詠嘆の「けり」に傍線を引くと、みんなが「過去」と答えるから、出題者はおもしろい。

そこで、みなさんは、会話文中の「けり」や「なりけり」の「けり」を見たら、まず「詠嘆！」って反応できる受験生になりましょう。

そして、**詠嘆で訳してみて、どうしてもおかしかったら、過去で意味をとるようにするといい。**

「なりけり」の「けり」に傍線を引っぱって、その解答が「過去」だったなんていう入試問題を、ぼくは見たことがありません。

では、最後に過去の助動詞の重要事項をまとめておきましょう。

72ページの解答　き・けり

★過去の助動詞「き」「けり」のおさらい

活用表

基本形	未然形	連用形	終止形	連体形	已然形	命令形
き	せ	○	き	し	しか	○
けり	けら	○	けり	ける	けれ	○

意味

き………**直接経験の過去（体験過去）**〈～た〉

けり…①**間接経験の過去（伝聞過去）**
〈～た・～たそうだ〉
②**詠嘆**〈～だなあ・～ことだ〉

接続

連用形接続

き…カ変・サ変に未然形接続する場合がある。

注意点

注意1「**き**」は**自分が直接体験したこと**を過去として述べる。

注意2「**けり**」は**人から聞いたこと**を過去として述べる。

注意3「**詠嘆**」とは、**感動**のこと。
和歌中の「**けり**」は**詠嘆**。
会話文中の「**けり**」と「**なりけり**」の「**けり**」は**詠嘆が多い**。

3 完了の助動詞1「つ・ぬ」

今度は**完了**の助動詞です。

助動詞の用法に気をつけて、それぞれを現代語訳しましょう。

1 花咲きぬ。

2 花咲きぬべし。

完了の助動詞といえば、「**つ・ぬ**」と「**たり・り**」。「つ・ぬ」と「たり・り」では使い方がちょっと違うので、この章では「**つ・ぬ**」を先にチェックすることにしましょう。

「つ・ぬ」で大切なのは、意味が**二つ**あることです。一つは**完了**、もう一つは**強意**といいます。

つ・ぬ
① **完了**　**〜た・〜てしまった**
② **強意**　**きっと〜**

強意になるときの形
つ
ぬ ＋ **推量の助動詞**　きっと ｛〜だろう／〜しよう｝ など

「つ・ぬ」が完了ではなくて強意になるのは、**「つ・ぬ」の直下に推量と呼ばれる助動詞が来たとき**です。「つ・ぬ」の真下ですよ。離れたところではいけません。真下に推量の助動詞が来たら、必ず強意です。

1の「ぬ」は下に何もありませんね。真下に推量の助動詞はない。こんな「ぬ」は**完了**でとります。完了は〈**〜てしまった**〉と訳してもいいし、〈**〜た**〉と過去のように訳してもかまいません。

2の「ぬ」は下に「**べし**」がある。「**べし**」は**推量の助動詞**です。**2**の「ぬ」は真下に推量の助動詞があるために**強意**になります。強意はほとんどの場合〈**きっと〜だろう**〉と訳します。

強意は、意味を強めるということですから、ただの「花咲く**べし**」より、「花咲き**ぬべし**」の方が、「ぬ」が入っている分だけ推量の度合いが強いわけですね。

現代語でいえば、「ケンちゃんは受かる**だろう**」より、「ケンちゃんは**絶対**受かる**だろう**」の方が、推量の度合いが強いでしょう？　この「絶対」にあたるのが「ぬ」の役割なんです。

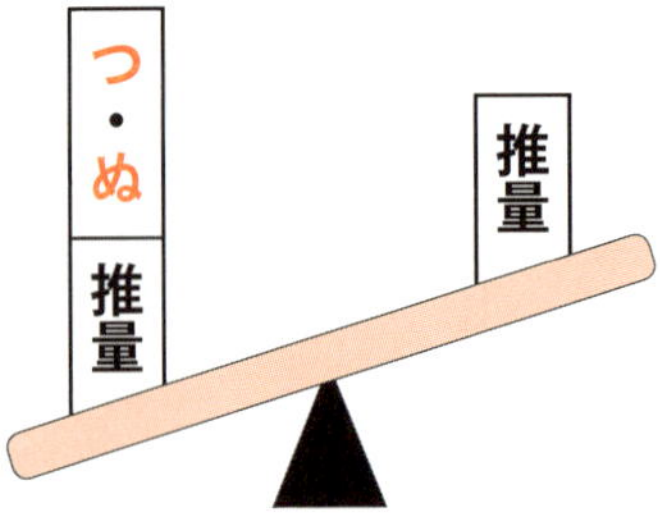

ちょっと、さっきの図をもう一度見てください。

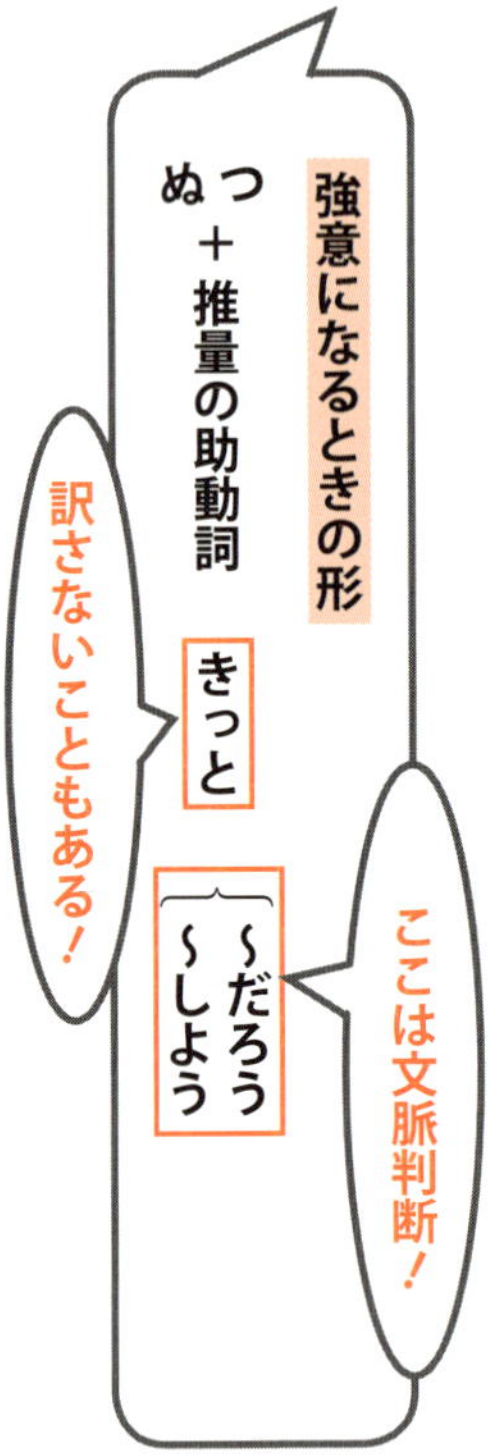

強意の「つ・ぬ」のところは**〈きっと〉**と訳しますが、細かいことを言うと、**〈きっと〉と訳して不自然なときは省いてもかまわない**ということになっています。

また、推量のところは訳し方が二つ書いてありますよね。**〈〜だろう〉**と**〈〜しよう〉**。推量の助動詞というのは、ふつう**〈〜だろう〉**と訳しますが、**文脈によっては〈〜しよう〉と意志で訳した方がいい場合もあります**。英語のwillだって、いつも〈〜だろう〉ではないでしょう？　willは主語が一人称のときは、意志未来になることもある。あれと同じですね。

これは、〈きっと～しよう〉と訳して、〈きっと〉が不自然なので取ってしまった例です。

推量については、〈きっと～だろう〉〈きっと～しよう〉以外にもいろいろ訳し方がありますが、それは推量の助動詞をやったときにあらためて勉強する方がいいと思います。入門段階でそこまでこだわっていると、話が先にすすみません。

今のところ、みなさんは、**強意は〈きっと～だろう〉か〈きっと～しよう〉で訳す、「きっと」が不自然ならば訳さなくても許される、**と覚えておけば十分です。

そんなことより、入門期にはもっと大切なことがあります。

さっき、「つ・ぬ」の下に推量の助動詞が来たら強意になる、と言いましたが、**推量の助動詞というのは「べし」だけではありません。**

まだみなさんと一緒に勉強していないけれど、他にも「**む・らむ・けむ・まし・めり・むず・らし**…」などがあります。これらが下に来ると、上の「つ・ぬ」は強意になる。みなさんは一目で強意が見抜けるように、「つ・ぬ」の下に推量の助動詞がくっつくときの**実際の組み合わせを覚えておく**と便利です。

88ページを見てください。ざっとこれだけあります。

「つ・ぬ」に推量の助動詞「む」がくっつくと、「つむ・ぬむ」じゃなくて、「**てむ・なむ**」に変わってしまいます。「む」の上は**未然形**になるという決まりがありますからね。

(忘れた人は70ページへ!)

形が変わっても、瞬間的に、一目で「て」と「な」が強意だと見抜けるように、みなさんは「**てむ・なむ・つべし・ぬべし・つらむ・ぬらむ**…」と声に出して十回となえてみてください。暗記しなくてもいいです。先生になるわけじゃないんだから…。

みなさんは若いからリズム感がいい。

CDでも二、三回聴いたらすぐにカラオケで歌えるでしょう? 歌詞が画面に出てきたら、カラオケで歌える。その程度に、88ページの表を声に出してとなえて、この表のリズムを身体に入れておいてもらったら、雨降りなむ。

という文を見たときに、「あ、『てむ・なむ…』の『なむ』だ！ この『な』は強意だ！ だから『きっと雨が降るだろう』って意味だ！」ってピンとくるはず。

花咲きにけむ。

でも同じですよ。「あ、『てけむ・にけむ…』の『にけむ』だから、この『に』は強意だ！」と見抜く。

ちなみに、88ページの一覧表は、上の組み合わせほどよく文章に出てきます。特に「てむ・なむ・つべし・ぬべし・つらむ・ぬらむ」までが頻出。気をつけてくださいね！

では、最後にまとめを。

82ページの解答

❶ 花が咲いた。（完了）
❷ きっと花が咲くだろう。（強意）

★完了の助動詞「つ・ぬ」のおさらい

活用表

基本形	未然形	連用形	終止形	連体形	已然形	命令形
つ	て	て	つ	つる	つれ	てよ
ぬ	な	に	ぬ	ぬる	ぬれ	ね

意味

①**完了**〈～た・～てしまった〉
②**強意**〈きっと～〉

接続

連用形接続

注意点

注意1　「**つ・ぬ**」の真下に**推量の助動詞**が来たら**強意**。
注意2　強意（「**つ・ぬ**」＋推量の助動詞）の具体的な組み合わせ表

推量	強意
む	て
む	な
べし	つ
べし	ぬ
らむ	つ
らむ	ぬ
まし	て
まし	な
けむ	て
けむ	に
めり	つ
めり	ぬ
らし	つ
らし	ぬ
むず	て
むず	な

実践編
助動詞

4 完了の助動詞２「たり・り」

次は完了の助動詞のパート2。「たり・り」をおさえましょう。

完了の助動詞は、❶、❷の傍線部のうちのどちらでしょう。
❶ すでにして参らる。
❷ 少納言の参れる所。

「つ・ぬ」と同じように、「たり・り」にも意味が**二つ**あります。
一つは**完了**、もう一つは**存続**といいます。

たり・り

①完了　〜た
②存続　〜ている・〜てある

①と②の区別
まずは存続で訳し、不自然なら完了に！

「つ・ぬ」とちがって、①完了と②存続の区別は、アバウトでいいんです。何でもかんでもまず存続で訳してみて、不自然でなければ存続、不自然になったら完了と考えます。こんなふうに…。

花咲きたり。

花が咲いている。
⬅
不自然じゃないから存続！

実践編

助動詞

雨降れり。

雨が降っている。

←不自然じゃないから**存続**！

その時、童《わらは》、穴に落ちたり。

その時、少年が、穴に落ちている。

？

←不自然だから**完了**！

その時、少年が、穴に落ちた。

三つ目の例だけは、**存続**でとるとおかしいでしょう？　おかしいと思ったときだけ**完了**にします。それ以外はみんな存続です。中には、存続と完了、どっちでもとれそうな例も出てきますが、そんなときは**存続**と考えてください。

そんなんでいいの!?

ちょっと不安になるかも知れませんが、そんな適当なやり方でいいんです。そもそも、完了の助動詞「たり・り」は、強引に考えるとほとんどが存続でとれます。なぜかというと、「たり」の語源が「**て・あり**」、「り」の語源が「**あり**」だったからなんです。「置きたり」はもともと「置きてあり」で、そのまま訳すと、「置いてある」。「置けり」というのは、もともと「置きあり」で、そのまま訳すと、やはり「置いてある」。

もともと〈～てある・～ている〉と訳す「て・あり」と「あり」が語源だったので、「たり」「り」になってからもほとんどが存続で訳せるんですね。

だからみなさんは、まず存続で訳して、よほど不自然なときだけ完了にすればいいんです。「たり・り」について、存続か完了かを厳密に区別させる問題なんて、まともな出題者なら問題にはしませんから安心してください。

そんなことより、もっともっと大事なことがあります。

それは、**「り」の識別**です。

★「り」の識別１

ちょっと完了の助動詞「り」の活用表を見てください。

完了の助動詞「り」の活用表

基本形	未然形	連用形	終止形	連体形	已然形	命令形
り	ら	り	り	る	れ	れ

そして、まだ一緒に勉強していませんが、**受身**・**尊敬**・**可能**・**自発**の助動詞「る」「らる」というのがあって、そのうちの「る」は次のように活用します。

受身・尊敬・可能・自発の助動詞「る」の活用表

基本形	未然形	連用形	終止形	連体形	已然形	命令形
る	れ	れ	る	るる	るれ	れよ

完了は、下から読んだら、「**れ・れ・る…**」。

そして、受身・尊敬・可能・自発は、上から読んだら「**れ・れ・る…**」です。

神様のいたずらなんでしょうか。両方の「れ・れ・る」の部分がきれいにそろっていますね。でも、「きれいにそろっているなぁ！」って、笑っていられないことがあるんです。これは、

と、文中にひらがなの「る」や「れ」が登場した場合、どの「る・れ」が完了で、どの「る・れ」が受身・尊敬・可能・自発なのか、ぱっと見ただけではわからないということを意味します。
89ページの例題をもう一度見てください。

❶ すでにして参らる。
❷ 少納言の参れる所。

❶も❷も「る」ですが、どちらかが完了で、どちらかが受身・尊敬・可能・自発です。
どっちの「る・れ」が完了で、どっちの「る・れ」が受身・尊敬・可能・自発か。これを見分けることを、「**識別**」といいます。

そして、ふつうほとんどの識別問題は、**接続の知識**を使って解きます。

こんなふうに…。

サ行変格活用の未然形
四段活用の已然形　**＋る・れ……完了**

四段・ナ行変格・
ラ行変格活用の未然形　**＋る・れ……受身・尊敬**
可能・自発

完了の「り」は、サ変の未然形と四段の已然形につきます。

「りかちゃん、さみしい」ってヤツです。（忘れた人は71ページへ！）

受身・尊敬・可能・自発の「る」は四段・ナ変・ラ変の未然形につきます。すると、

さきほどの「**書ける**…」は

書ける

書け → 四段活用の已然形

る → 完了の助動詞「り」の連体形

書けれ

書け → 四段活用の已然形

れ → 完了の助動詞「り」の已然形 命令形

書かる

書か → 四段活用の未然形

る → 受身・尊敬 可能・自発の助動詞「る」の終止形

書かれ

書か → 四段活用の未然形

れ → 受身・尊敬 可能・自発の助動詞「る」の未然形 連用形

理解できましたか？

完了の助動詞「り」と受身・尊敬・可能・自発の助動詞「る」を識別するときは、こんなふうに、**接続の知識**を使って解くのがふつうのやり方ですが、**音を使って解く方法**も覚えておくと便利です。

★「り」の識別２

まずはこちらを見てください。

サ行変格活用の未然形
四段活用の已然形 ＋る・れ……**完了**の助動詞「る」は **e段**の音につく！

四段・ナ行変格・
ラ行変格活用の未然形 ＋る・れ……**受身・尊敬** **可能・自発**の助動詞「る」は **a段**の音につく！

完了の上の動詞は必ず**e段音**になる。だから**e段音につく「る・れ」は完了**と覚えておきましょう。

同じように、受身・尊敬・可能・自発の上の動詞は必ず**a段音**になります。だから**a段音につく「る・れ」は受身・尊敬・可能・自発**と覚えておきましょう。

これを覚えておくと便利ですよ。

たとえば、89ページの例題。

1 すでにして参**ら**る。(a)

2 少納言の参**れ**る所。(e)

1も**2**も「参る」という動詞に「る」がついていますが、**1は「参ら（a）」というふうにa段音に「る」がついています。だから受身・尊敬・可能・自発とわかる。**

それに対して、**2は「参れ（e）」と、e段音に「る」がついていますね。だから完了。**

1 接続で解く方法と、**2 音で解く方法**。

どっちで解いても答えは同じですが、難しい問題に出くわしたときの用心に、みなさんは両方の解き方を覚えておくようにしてくださいね！

89ページの解答　**２**（少納言の参上している所。）

★完了の助動詞「たり・り」のおさらい

活用表

基本形	未然形	連用形	終止形	連体形	已然形	命令形
たり	たら	たり	たり	たる	たれ	たれ
り	ら	り	り	る	れ	れ

意味

① **完了**〈～た〉
② **存続**〈～ている・～てある〉

接続

たり…**連用形**接続
り……**サ行変格活用**は**未然形**接続
　　　四段活用は**已然形**接続

注意点

注意1　まず**存続**で訳し、不自然なら**完了**と考える。
注意2　助動詞「**り**」「**る**」の識別

e段音 ＋ **る・れ** …完了
a段音 ＋ **る・れ** …受身・尊敬・可能・自発

5 受身・尊敬・可能・自発の助動詞「る・らる」

完了の助動詞「たり・り」に登場した「**る・らる**」は、入試で最頻出の助動詞です。現代語にも「れる・られる」という形になって生き残っています。

意味は、**受身**・**尊敬**・**可能**・**自発**の**四つ**。

現代でも、「母にほめ**られる**」といえば**受身**。「先生が言わ**れる**」といえば**尊敬**。「このパンはまだ食べ**られる**」といえば**可能**。「故郷のことが思わ**れる**」といえば**自発**です。

古文の場合はどうなんでしょうか。それぞれの重要事項をまとめていきましょう。

受身　～される

～に　…　**る・らる**

【例】 人**に**言は**る**。

【訳】 人に言わ**れる**。

受身は、「～に…る・らる」の形をとるのが基本です。別に難しくありませんね。現代語と何も使い方は変わりません。

尊敬　～なさる・お～になる

（主語が）**貴人**　…　**る・らる**

【例】**中納言殿**《ちゅうなごんどの》、文書か**る**。

【訳】中納言殿が手紙を**お**書き**になる**。

原則として、**主語が貴人なら「る・らる」は尊敬**と考えます。貴人というのは、偉い人、身分の高い人、という意味です。例文は主語に「中納言殿」という貴人がきています。「中納言」というのは、テレビの水戸黄門が天皇からもらっている地位と同じです。

可能　～できる

る・らる　＋　**打消**

【例】ものも言は**れず**。

【訳】ものも言うことが**できない**。

可能というと、〈～できる〉と訳したくなりますが、**平安時代は打ち消して使うのが原則**です。例文のように、〈**～できない**〉という形で使います。平安時代の場合、可能〈～できる〉とは名ばかりで、現実には**不可能**〈**～できない**〉で使うということを忘れないようにしてくださいね。

自発　自然と〜される・〜せずにはいられない

心情動詞・知覚動詞 … **る・らる**

【例】悲しと**嘆かる**。
【訳】悲しいと嘆か**ずにはいられない**。

すべてではありませんが、**心情動詞や知覚動詞に「る・らる」がつくと自発が多くなります**。**心情動詞**というのは、「**思ふ・嘆く・笑ふ**」など、心のはたらきや感情を表す動詞。**知覚動詞**は、「**見る・聞く・知る**」など、知覚・感覚にかかわる動詞のことです。例文は「嘆く」という心情動詞に「る」がくっついていますね。

以上が「る・らる」の基本です。
基本の確認が終わったところで、
腕試しに次の例題にチャレンジしてみましょう！

傍線部の助動詞の意味を答えましょう。

❶ 人知れずうち泣かれぬ。『更級日記』

❷ さらにこそ信ぜられね。『大鏡《おおかがみ》』

❸ ありがたきもの。舅《しうと》にほめらるる婿《むこ》。『枕草子』

❹ あるやむごとなき人仰せられき。『徒然草』

❺ 家の作りやうは夏を旨《むね》とすべし。冬はいかなる所にも住まる。『徒然草』

❻ 西の宮の左《ひだりの》大臣《おとど》、流され給《たま》ふ。『蜻蛉日記』

（ヒント）
❶「泣く」は知覚動詞！
❷「られ」の下の「ね」は打消の助動詞！
❸ 上に「〜に」とあるから…。
❹「やむごとなき人」を現代語訳すると「高貴な人」となる！

どうでしょう…。答えは出ましたか？

❶【訳】人知れず泣かずにはいられなかった。→自発
❷【訳】まったく信じることができない。→可能
❸【訳】めったにないもの。しゅうと（妻の父）に褒《ほ》められる婿。→受身
❹【訳】ある高貴な方がおっしゃった。→尊敬
❺【訳】家の作り方は、夏を第一に考えて作るのがよい。冬はどんな所にも住むことができる。→可能？
❻【訳】西の宮の左大臣さまが、流罪に処せられなさる。→尊敬？

❶〜❹問目まではわかりましたね？　しかし、さっき確認した基本知識に加えて、少しだけ注意しておかないといけないことがあります。それは❺問目と❻問目。まずは❺問目について。

★① 鎌倉時代以降は、可能〈〜できる〉でもOK！

平安時代の場合、「る・らる」が可能になるのは**打消をともなったとき**でした。不可能〈〜できない〉で使っていたわけですね。

ところが、**鎌倉時代以降は、可能で〈～できる〉と使った例が出てきます**。それが例題の**5**。**5**の例文は『徒然草』からとったもので、『徒然草』は鎌倉時代の作品です。だからこれは可能で使われていてもいいんです。

ちょっと待ってよ！ 平安は不可能、鎌倉時代以降は不可能でも可能でもOKっていうんなら、文学史の知識がないと解けないじゃないか!!

そんな声が聞こえてきそうですが、心配しなくても大丈夫。出題者の先生方は、「受験生が学校で勉強すること」にこだわって入試問題を作成します。学校では「**可能は打ち消して使う**」と教えますから、入試問題もそれを問うのがふつうです。

じゃあ、鎌倉時代以降の〈～できる〉で使った例は出ないんだね!?

もちろん長文には出てきますが、良識のある出題者なら、出題はしないでしょう。どうしても心配なら、

A 冬はいかなる所にも住まる。『徒然草』
【訳】冬はどんな所にも住むことができる。

B かくてもあられけるよ。『徒然草』
【訳】こんなふうにしてでも住んでいることができたのだなあ。

という、『徒然草』の二つの例文を覚えておきましょう。この二つは、可能の選択肢としてよく入試問題に出てきます。学校で「『**徒然草**』**は打ち消さなくても可能になる**」と教えてくれるからなんです。

この二つは例外ですが、あとは「**可能は打ち消して使う**」という知識を大切にして問題に取り組んで下さい。

★② れ給ふ・られ給ふ≠尊敬

次に**6**の、「**れ給ふ・られ給ふ**」の形。これはもう超頻出の形といっていいでしょう。受験生はこの形が問題になると、すぐに「**尊敬**」と答えてしまいます。**それは絶対にダメ！**

「れ給ふ・られ給ふ」の「れ」「られ」は、絶対に尊敬にならないと決まっています。ほんとは、「ほとんど尊敬にならない」と言うべきなのですが、受験生ですから「**絶対に尊敬にならない**」と覚えておいた方がいい。

じゃあ何になるかというと、ほとんどが**受身**か**自発**です。**可能**はめったにありません。「れ給ふ・られ給ふ」は受身か自発、と覚えておきましょう。

6の場合、「西の宮の左大臣、流され給ふ」ですから、「れ給ふ」の形が出題されています。だから解答は受身か自発。さっきふれたように、自発はふつう心情動詞か知覚動詞につきます。この例は「流す」という動詞についているので、自発はちょっと考えにくい。そこで、正解は**受身**と考えて、「西の宮の左大臣が流さ**れ**なさる」と訳してみます。特に不自然でもないので、この「れ」は**受身**。大臣のように偉い人でも、悪いことをすると流されることがよくありました。

最後に**4**についてもふれておきましょう。

★③「仰せらる」の「らる」は、必ず尊敬！

「**仰せらる**」の「らる」も入試問題によく登場します。これはどんな文脈でも絶対に**尊敬**です。悩む必要はありません。いつも絶対に尊敬！

104ページの解答
1 自発　**2** 可能　**3** 受身　**4** 尊敬　**5** 可能　**6** 受身

★受身・尊敬・可能・自発の助動詞「る・らる」のおさらい

活用表

基本形	未然形	連用形	終止形	連体形	已然形	命令形
る	れ	れ	る	るる	るれ	れよ
らる	られ	られ	らる	らるる	らるれ	られよ

意味

① **受身**〈〜される〉…上に「**〜に**」がある形が基本。
② **尊敬**〈〜なさる・お〜になる〉…主語が**貴人**。
③ **可能**〈〜できる〉…下に**打消**をともなう。
④ **自発**〈自然と〜される・〜せずにはいられない〉
…**心情動詞**・**知覚動詞**につく。

接続

る……**四段・ナ変・ラ変動詞**の**未然形**接続
らる…**右以外の動詞**の**未然形**接続

注意点

注意1 鎌倉時代以降の**可能**は、**打消**をともなわなくてもよい。『徒然草』の例を覚える。
①冬はいかなる所にも住ま**る**。
②かくてもあら**れ**けるよ。

注意2 「**れ給ふ**」「**られ給ふ**」の「**れ**」「**られ**」は、**尊敬にせず**、**受身**か**自発**と考える。

注意3 「**仰せらる**」の「**らる**」は、絶対**尊敬**！

6 使役・尊敬の助動詞「す・さす・しむ」

今度は**使役**・**尊敬**の助動詞「**す**・**さす**・**しむ**」をマスターしましょう。

傍線部の助動詞の意味を答えましょう。

1 このこと、人に聞かすな。
2 母君、文など書かせ奉り給ふ。
3 関白殿、文を見て笑はせ給ふ。

まず、「す・さす」と「しむ」の違いから。

「す」と「さす」は、「せる・させる」という形で現代語に残っています。「弟に運ば**せる**」とか「妹に食べ**させる**」とか言うときの「**せる・させる**」。これが「す」と「さす」の現代語版です。

ところが、「しむ」というのは現代語に残っていませんよね。この助動詞は、現代では漢文の授業でしか使いません。「人をして歓喜せ**しむ**」というふうに。要するに、こういうこと…。

す・さす……和文
しむ……漢文調の文章

「す・さす」は**和文**で使い、「しむ」は**漢文調の文章**で使われました。**和文**は、『源氏物語』や『枕草子』のような典型的な日本語の文章。一方、**漢文調の文章**は、漢文を書き下し文にしたようなもの。『平家物語』の一部はそういう文体で書かれています。

みなさんが、学校の授業や入試問題で読む古文は和文が多いので、ふだんは「す・さす」ばかりを目にされるだろうと思います。「しむ」はあまり出てきません。あまり出てこないと、つい忘れがちになってしまうので、気をつけてくださいね。

「す・さす」と「しむ」の違いがわかったら、今度は「す」と「さす」の違いです。「す」と「さす」の違いは、「る」と「らる」の違いと同じ。これは**接続**が違います。

四段・ナ変・ラ変動詞の未然形＋す
右以外の動詞の未然形＋さす

「**す**」と「**る**」の上は、**四段・ナ変・ラ変動詞の未然形**が来ます。それに対して、「**さす**」と「**らる**」の上に来るのは、**四段・ナ変・ラ変以外の動詞の未然形**です。

す・さす（使役・尊敬）

たとえば、「書く」は四段活用だから、

書かす

になります。「す」は四段・ナ変・ラ変の未然形につきますからね。

「起く」は上二段活用。これなら、

起きさす

になります。「さす」は四段・ナ変・ラ変以外の動詞の未然形につく。「起く」は上二段ですから、「さす」がつくわけですね。

る・らる（受身・尊敬・可能・自発）

「る」だって同じですよ。

四段活用の「書く」は、

書かる

になります。「書からる」にはならない！

上二段活用の「起く」は、

起きらる

ですね。「起きる」にはなりません。

この決まりは覚えにくいので、

勉強は、**四**（四段活用）**ナ**（ナ行変格活用）**ラ**（ラ行変格活用）**「す」「る」**。

勉強は、夜ならする。

と記憶しておくといいでしょう。

さて、いよいよ意味の判別です。ここからが大切なところ！

「す・さす・しむ」の意味は、**使役****〈～させる〉**と**尊敬****〈～なさる・お～になる〉**です。

もともとは使役だけだったんでしょうけど、偉い人は、召使いなどに何かを「させる」ことが多いので、尊敬の意味が出たんでしょうね。

使役と尊敬を区別するときは、いきなり訳さないで、まず**真下を見るのがポイント**。「す・さす・しむ」の真下です。

す
さす ＋ 尊敬語がない …… 使役
しむ 尊敬語がある …… 使役か尊敬

給ふ
おはします
まします
らる など

「す・さす・しむ」の真下に、「**給ふ・おはします・まします・らる**」などの尊敬語と呼ばれることばがないときは、必ず使役になります。

はじめの例題の❶と❷を見てください。

❶ このこと、人に聞かすな。
【訳】このことは、人に聞か**せる**な。
❷ 母君、文など書か**せ**奉り給ふ。
【訳】母君は、手紙など書か**せ**申しあげなさる。

1の「す」の下には「給ふ・おはします・まします・らる」などの尊敬語がありませんね。2の「せ」の下にもありません。こんなときは絶対に**使役**です。

必ず**真下**ですよ！　離れたところではダメです。2の場合、「せ」の下に、謙譲語の「奉る」をはさんで「給ふ」が来ていますけれど真下じゃありません。（尊敬語・謙譲語などの敬語については、のちほど勉強します。）

では、真下に「給ふ」という尊敬語がある例題の3を見てください。

3 関白殿、文を見て笑はせ給ふ。

真下に尊敬語があれば、尊敬か使役の文脈判断。つまり、現代語訳して決めます。これはちょっと面倒…。ただし、真下に尊敬語があるときには、尊敬である場合が多いので、みなさんは、

真下に尊敬語があるときは、
尊敬〈**〜なさる・お〜になる**〉で訳してみて、
不自然なら、使役〈**〜させる**〉で訳す。

という要領で、文脈判断するといいと思います。
例題**3**を、まず、尊敬で訳してみます。

「関白殿は、手紙を見てお笑いになる」。

特に不自然とは思えません。関白殿という偉い政治家が、誰かからの手紙を見て笑ったんでしょうね。だからこれは**尊敬**と考えます。

心配なときは、**使役**でも訳してみましょう。例題**3**を使役で訳して、「関白殿は、手紙を見て（誰かを）笑わせなさる」と訳すと、なんだか変だと思いませんか？　手紙を見て、自分が笑うのならともかく、人を笑わせるなんて…。どんな状況なんだか、わけがわかりませんね。

ですから、この「せ」はやっぱり尊敬の意味になります。

「す・さす・しむ」の意味を考える場合、みなさんは、**真下に尊敬語がなければ使役、尊敬語があったら尊敬と使役の文脈判断**、という決まりを忘れないようにしてくださいね。

110ページの解答　**1** 使役　**2** 使役　**3** 尊敬

★使役・尊敬の助動詞「す・さす・しむ」のおさらい

活用表

基本形	未然形	連用形	終止形	連体形	已然形	命令形
す	せ	せ	す	する	すれ	せよ
さす	させ	させ	さす	さする	さすれ	させよ
しむ	しめ	しめ	しむ	しむる	しむれ	しめよ

接続

す……**四段・ナ変・ラ変動詞**の**未然形**接続
さす…**右以外の動詞**の**未然形**接続
しむ…**未然形**接続

意味

① **使役**〈～させる〉
② **尊敬**〈～なさる・お～になる〉

注意点

注意1　下に**尊敬語**（「**給ふ**」「**おはします**」「**まします**」「**らる**」など）**がなければ、使役**に決定。
注意2　下に**尊敬語があれば、尊敬**と**使役**の文脈判断。

7 推量の助動詞1「む」

次は**推量**の助動詞です。
推量の助動詞にはいろいろなものがありますが、必要不可欠なのが「**む**」「**らむ**」「**けむ**」「**まし**」「**べし**」。トップバッターとして、ここではまず「**む**」をマスターしていただくことにしましょう。

傍線部の助動詞の意味を答えましょう。

1 花の咲かむ時に行け。
2 我行かむ。
3 汝こそ行かめ。

「む」は**推量の助動詞**と呼ばれますが、意味は推量だけではありません。
全部で**五つ**あります。全部あげられますか？

む

① **推量** **～だろう**
② **意志** **～しよう**
③ **勧誘** **～がよい**（「適当」とも呼ぶ）
④ **仮定** **もし～なら、その（それ）**
⑤ **婉曲《えんきょく》** **～ような**

頭文字を語呂合わせで **ス・イ・カ・カ・エ**
（**西瓜《すいか》買え！**）
と覚えてもいいですね！

このなかでは、**婉曲**がわかりにくいですね。婉曲というのは「**遠回しに表現する**」ということなんです。婉曲の現代語訳は〈～ような〉ですが、みなさんはこれを、「**～みたいな**」という形にして日常会話でよく使っていませんか。

たとえば、みなさんの弟がとんでもないいたずらをしたとします。そんなとき、

と言うと、どぎついですね。いくら弟でも、ケンタがかわいそうです。それで、

と、「**みたいな**」をつけると、表現がすこしマイルドになります。「バカなこと」はストレートな表現ですが、「バカ**みたいな**こと」と言うと、表現が少し遠回しになって、ほんのちょっとやわらかい印象を人に与えます。これが**婉曲**です。

ただし、ストレートかマイルドか、という違いがあるだけで、両方とも同じ内容を示しています。そこで、婉曲については「バカのようなこと」と直訳してもいいし、「バカなこと」と「～ような」を取って訳してもかまわないことになっています。

では次に、**意味の判別**です。

「む」の意味を考えるときは、いきなり文脈判断してはいけませんよ！　最初にやることは、問題の「む」が**文中に使われているのか**、**文末に使われているのか**を区別することです。

「む」が文中なら仮定か**婉曲**、**「む」が文末なら推量**・**意志**・**勧誘**のどれかになります。

文中 ……む……　①仮定　②婉曲

文末 ……む。　①推量　②意志　③勧誘

例題をもう一度見てください。

1 花の咲か**む**時に行け。
2 我行か**む**。
3 汝こそ行か**め**。

1は「む」が文中にあります。2と3は「む」が文末にありますよね。まずはここがポイント！

文中の「む」は仮定か婉曲ですから、1の解答は**仮定**か**婉曲**になります。

文末の「む」は推量・意志・勧誘ですから、2と3の解答は、**推量・意志・勧誘**のうちのどれかですね。

★文中の「む」の判断

まず、文中の「む」から整理していきましょう。

結論からいうと、「む」が文中に連体形で使われている場合は、仮定でも婉曲でもかまいません。

これはどっちだって同じ。例題**1**をもう一度見てください。

1 花の咲かむ時に行け。

仮定 もし花が咲いたなら、その時に行きなさい。

婉曲 花が咲くような時に行きなさい。
⬅
花が咲く時に行きなさい。

1の「む」は文中ですね。
この「む」を**仮定**でとると、ちゃんと意味がとおっているでしょう?
今度は**婉曲**で訳してみましょう。婉曲は〈〜ような〉を取って訳してもいいから、それだと「花が咲く時に行きなさい」になります。これでも意味はわかりますよね。

こんなふうに、**「む」が文中に連体形で使われている場合は、仮定か婉曲**と判断。仮定で訳しても、婉曲で訳しても、みなさんの自由です。どっちだってかまいません。

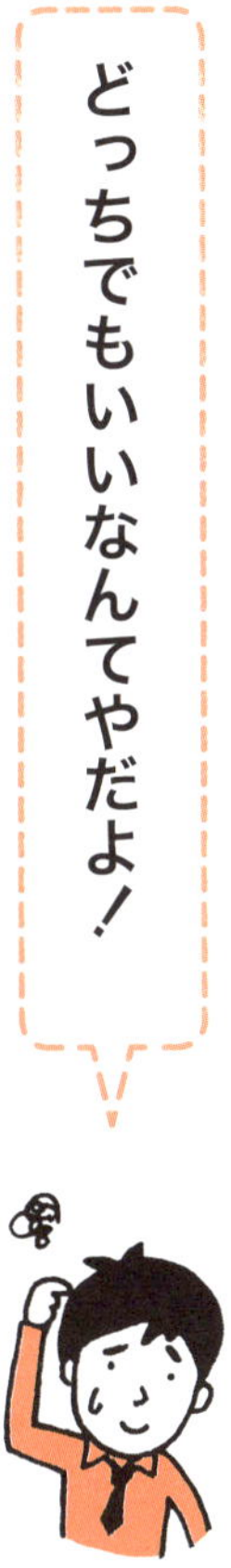

もしそう思うなら、文中の「む」の下に**助詞**がきたら、**仮定**。文中の「む」の下に**名詞**がきたら、**婉曲**。そう考えてもいいですよ。

Ⓐ	…む＋助詞	**仮定**
Ⓑ	…む＋名詞	**婉曲**

Ⓐ
花の咲か**む**を見る。（助詞）
もし花が咲いた**なら**、**それ**を見る。

Ⓑ
花の咲か**む**時。（名詞）
花が咲く**ような**時。

どっちでもいいっていうのはかえって面倒なので、ぼくはいつもこの方法で割り切っています。

★文末の「む」の判断

さて、次は文末の「む」。文末の「む」は**主語**で考えます。
文末の「む」は、主語が**三人称**なら**推量**。主語が**一人称**なら**意志**。主語が**二人称**なら**勧誘**です。

①主語（三人称）……む。 推量 〜だろう
②主語（一人称）……む。 意志 〜しよう
③主語（二人称）……む。 勧誘 〜がよい

文末

彼、行か［む］。

「彼」が**三人称**だから、「む」は**推量**と考えます。

【訳】 彼は行く**だろう**。

我、行か**む**。

「我」が**一人称**だから、「む」は**意志**と考えます。

【訳】 私は行こ**う**。

汝、行か**む**。

「汝」が**二人称**だから、「む」は**勧誘**と考えます。

【訳】 お前は行くの**がよい**。

勉強が進むと、この原則に合わないような例も出てきますが、例外というのは原則がわかっていると対処できるものです。

みなさんはまず、この原則をしっかりと頭に入れて、忘れないようにしてくださいね。

例題**3**についてですが、勧誘の場合、「**こそ〜め**」という形をとるものが多くなります。「こそ〜め」の形が出てきたら、みんながみんな勧誘というわけではないのですが、入試問題に勧誘があらわれる場合、この形をとるものがよく出題されています。ですから、みなさんも一応、**勧誘は「こそ〜め」の形をとることが多い**、と覚えておくと安心ですよ。

あ、大変、大変！

大切なことを言い忘れるところでした。

「む」は平安時代には「**む**」という形で出てきますが、鎌倉時代以降の文章では、「**ん**」と書かれることが多くなります。

「花咲か**む**」は「花咲か**ん**」です。「花咲か**ん**」で出てきた場合、「ん」を打消の助動詞とまちがえて「花が咲かない」と意味をとっちゃう人が多いのでくれぐれも気をつけてくださいね。「む」と書いても「ん」と書いても意味は同じですよ。

118ページの解答　**1** 婉曲（仮定）　**2** 意志　**3** 勧誘

★推量の助動詞「む」のおさらい

活用表

基本形	未然形	連用形	終止形	連体形	已然形	命令形
む	○	○	む	む	め	○

接続

未然形接続

意味

文末
推量〈～だろう〉　主語＝**三人称**
意志〈～しよう〉　主語＝**一人称**
勧誘〈～がよい〉　主語＝**二人称**

文中
仮定〈もし～なら、その（それ）〉
婉曲〈～ような〉

注意点

注意1　**文中**に連体形で使われている「**む**」は、**仮定**・**婉曲**のどちらの意味でとってもよい。
注意2　「**む**」は「**ん**」と書かれることもある。

8 推量の助動詞2「らむ・けむ」

推量の助動詞の「む」には、妹と弟がいます。妹は「**らむ**」ちゃん。弟は「**けむ**」くんです。お兄さんと同じように、「**らむ**」ちゃんは「**らん**」とも、「**けむ**」くんは「**けん**」とも書きます。

「む」さんと「らむ」ちゃんと「けむ」くんでは、**時制**がちがっています。

「**む**」さんは**未来**を担当。「**らむ**」ちゃんは**現在**、「**けむ**」くんは**過去**を担当します。

それでは、次の例題を考えてみましょう。

傍線部の助動詞の意味を答えましょう。

❶ 奥山に花咲くらむ。

❷ 前《さき》の世に罪ありけむ。

たとえば、「ケンタは立派な大学生になる**だろう**」というのは、「**む**」さんが担当します。**未来の推量**ですからね。

そして、「お母さんは今ごろお家で洗濯をして**いるだろう**」というのは、「**らむ**」ちゃんが担当します。これは**現在の推量**です。

さらに、「お父さんも昔はいたずらっ子だっ**たのだろう**」というのは、「**けむ**」くんが担当します。これは**過去の推量**。

ちょっと例題を見てください。

1 奥山に花咲くらむ。
【訳】奥山に花が咲いて**いるだろう**。

2 前の世に罪ありけむ。
【訳】前世に罪があっ**たのだろう**。

1は「らむ」ちゃんですから、推量は推量でも**現在推量**です。現在推量は、このように、目に見えないものが今どうなっているかを推量します。
2は「けむ」くんですから、こちらは**過去推量**です。過去推量は、このように、過去のことを推量する助動詞なんですね。
「らむ」ちゃんも「けむ」くんも、さすがに「む」さんの妹弟だけのことはあります。「む」さん

実践編
助動詞

が文中に連体形で使われると、推量ではなくて仮定・婉曲の意味で訳されたように、「らむ」ちゃん「けむ」くんも、文中に連体形で使われると意味が変わります。

文末 ……らむ。	現在推量	〜いるだろう
文中 ……らむ……	① 現在の伝聞	〜いるとかいう
連体形	② 現在の婉曲	〜いるような

「らむ」ちゃんが文中に連体形で使われると、**現在推量**ではなくなって、**現在の伝聞**か、**現在の婉曲**になります。

現在の伝聞は〈〜いるとかいう〉、現在の婉曲は〈〜いるような〉と訳しますが、婉曲の「む」を〈〜ような〉と訳さなくてもよかったように、現在の婉曲も訳さないでおいてさしつかえありません。要するに「らむ」ちゃんは、**現在推量・現在の伝聞・現在の婉曲**という、三つの意味をもっているわけですね。

覚えにくいので、「**伝・婉・推**（**田園水**）」と、ゴロを合わせて記憶しておきましょう。
他に**現在の原因推量**〈どうして～いるのだろう〉というのがありますが、学校の勉強や入試問題を解く上では、あまり使うことがありません。だから、「**伝・婉・推**（**田園水**）」です。

それと申しわけないんですけど、伝聞と婉曲との区別は、文脈判断で決めるしか手はありません。

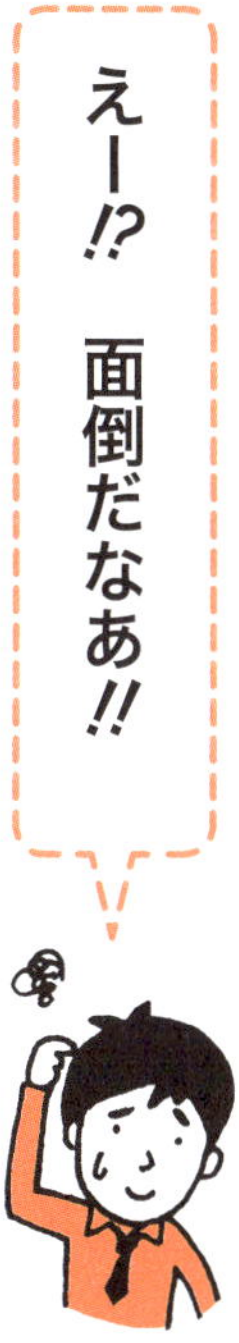
えー!? 面倒だなあ!!

そう思う人がいるかもしれないので、文脈判断をするときのコツをお話ししておきましょう。ちょっと次の例を見てください。

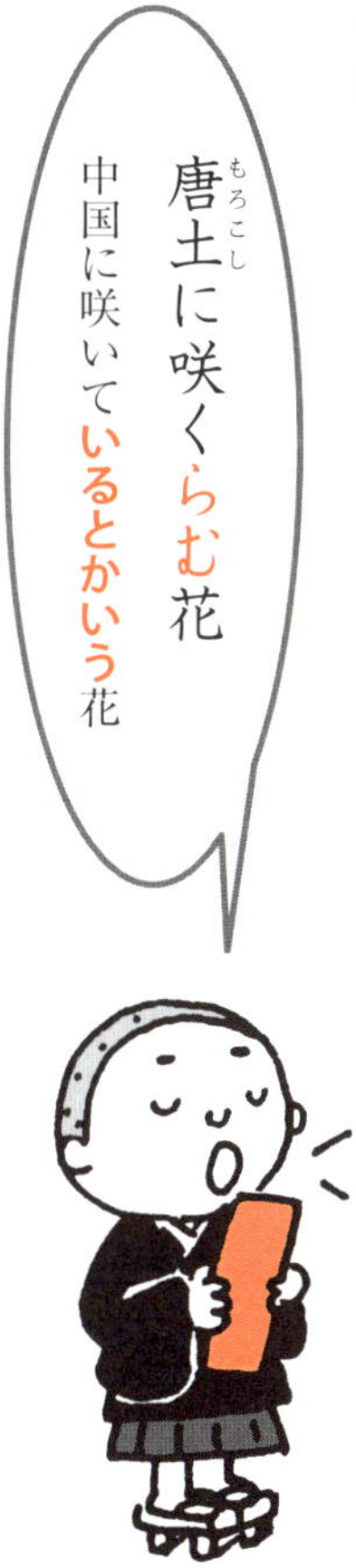
唐土《もろこし》に咲くらむ花
中国に咲いているとかいう花

この例は文中にある連体形の「らむ」。ってことは、現在の伝聞か、現在の婉曲になりますよね。こんなのを文脈判断するときは、**まず、現在の伝聞だと決めつけること**です。とりあえず、現在の伝聞〈～いるとかいう〉で訳してみて、**それでどうしてもおかしかったら、現在の婉曲**〈～いる

ような〉にします。現在の婉曲というのは、入試問題にもあまり出題されません。訳さなくてもいい用法は聞いてもしょうがないからなんでしょうね。

ですから、文中の「らむ」はまず、**現在の伝聞で訳してみること**！

この例文の場合、「中国に咲いて**いるとかいう**花」と訳しても、全然おかしくありませんよね。もちろん、「中国に咲いて**いるような**花」と婉曲でとってもおかしくありませんけど、どっちでも意味がとおる場合は、やっぱり現在の伝聞にします。

「らむ」ちゃんをマスターすると、「けむ」くんは同じだからラクです。「けむ」くんの意味も、**田園水**。文中にある連体形の「けむ」は田園（伝聞・婉曲）で、文末にある「けむ」は水（推量）です。ただし、**時制は過去**にしてくださいよ。

……けむ。〔文末〕　**過去推量**　～ただろう

……けむ〔文中〕……　①**過去の伝聞**　～たとかいう
連体形　②**過去の婉曲**　～たような

文中に連体形で使われた「けむ」は、過去の伝聞〈～たとかいう〉か、過去の婉曲〈～たような〉ですが、「む」「らむ」と同じように、過去の婉曲のときは訳さなくてもかまいません。

過去の伝聞になるか、過去の婉曲になるかは、「らむ」ちゃんと同じで、まず、**過去の伝聞から訳していきます**。

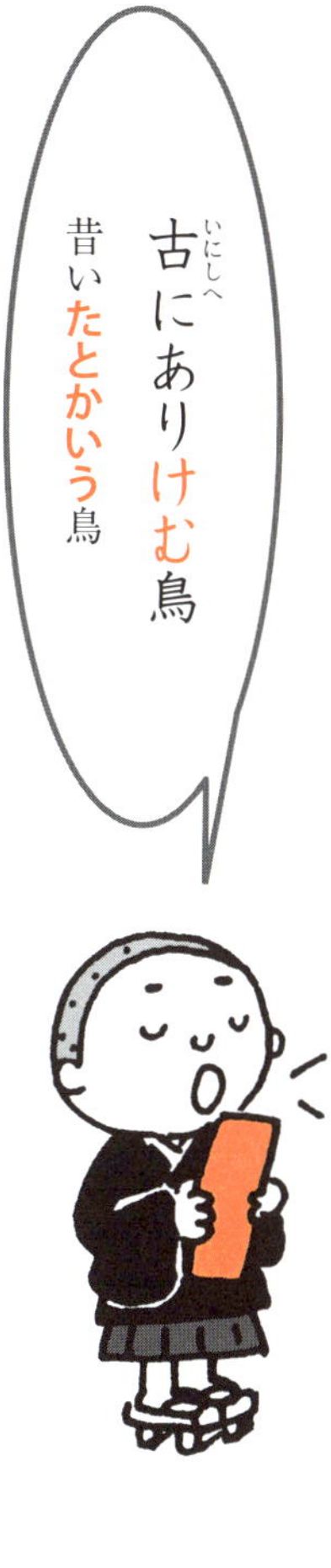

この例文の場合、「昔い**たとかいう**鳥」と過去の伝聞でとっても不自然ではありませんよね。過去の婉曲でとって、「昔い**たような**鳥」でもおかしくはありませんけど、そんな場合に過去の伝聞を優先するのは、さっきの「らむ」と同じことなんです。

128ページの解答　❶ 現在推量　❷ 過去推量

★現在推量の助動詞「らむ」のおさらい

活用表

基本形	未然形	連用形	終止形	連体形	已然形	命令形
らむ	○	○	らむ	らむ	らめ	○

意味

① 現在推量〈〜いるだろう〉
② 現在の伝聞〈〜いるとかいう〉
③ 現在の婉曲〈〜いるような〉

接続

終止形接続
〈ラ変型の活用語には連体形接続〉

注意点

注意1 ①は**文末用法**。②・③は**文中用法**。「現在の伝聞」と、「現在の婉曲」との区別は文脈判断。どちらでも意味がとれる時は「現在の伝聞」を優先。

注意2 「**らむ**」は「**らん**」と書かれることもある。

参考 現在推量の文に、「どうして」と訳すことばがあったり、それを補ったりする場合は、「現在の原因推量」と呼ぶことがある。ただし、入試ではほとんど出題されない。
〈例〉**など**思ふ**らむ**。〈**どうして**思って**いるのだろう**〉

★過去推量の助動詞「けむ」のおさらい

活用表

基本形	未然形	連用形	終止形	連体形	已然形	命令形
けむ	○	○	けむ	けむ	けめ	○

意味

①過去推量〈～ただろう〉
②過去の伝聞〈～たとかいう〉
③過去の婉曲〈～たような〉

接続

連用形接続

注意点

注意1 ①は**文末用法**。②・③は**文中用法**。「過去の伝聞」と、「過去の婉曲」との区別は文脈判断。どちらでも意味がとれる時は「過去の伝聞」を優先。

注意2 「け**む**」は「け**ん**」と書かれることもある。

参考 過去推量の文に、「どうして」と訳すことばがあったり、それを補ったりする場合は、「過去の原因推量」と呼ぶことがある。ただし、入試ではほとんど出題されない。

（例）**など**思ひ**けむ**。〈**どうして**思っ**たのだろう**〉

9

推量の助動詞3「まし」

今回は推量の助動詞「**まし**」を取り上げます。

「まし」は比較的わかりやすい助動詞なので、基本になる形をマスターしておけばかんたんですよ。

「まし」は推量の助動詞に分類されていますが、**他の推量の助動詞とはちょっと違います**。

次の各文を傍線部に注意して訳しましょう。

❶ 春ならましかば、花も咲かまし。

❷ これに何を書かまし。

まず、❶は**反実仮想**。これは、

A ［ませ／ましか／せ］ ば、B ［まし］。

反実仮想

もしA（だった）ならば、B（だった）だろうに。

という形をとります。他の言い方もありますが、とりあえずこれが原則です。

「まし」がこの形をとって出てきたときは、〈**もしAだったならば、Bだっただろうに**〉と訳しましょう。「**だった**」を省いて、〈**もしAならば、Bだろうに**〉と訳してもかまいません。

たとえば、みなさんが友達のいない会場で一人で模試を受けていたとしますね。

そのとき、

友あら**ましか**ば、うれしから**まし**。
もし友達がい**たならば**、うれしかっ**ただろうに**。

と思えば、これは反実仮想です。
「反実仮想」というのは、「**事実に反する仮の想定をする**」ということ。事実としては「友達はいない」わけなのですが、「もし友達がいたならば」って事実に反する仮想をするんですね。
「もし徳川家康《とくがわいえやす》が江戸に幕府を開いていなかったならば、現在の東京はなかっただろうに」っていうのも反実仮想です。事実は、家康が江戸に幕府を開いたから、現在の東京があるわけなんですから。

冒頭の例題❶を見てください。

❶ 春ならましかば、花も咲かまし。

【訳】**もし**春**だったならば**、桜の花も咲い**ただろうに**。

これは「Aましかば、Bまし」の形をとっていますね。だから、反実仮想。現実には、季節が、夏か秋か冬。なのに、「もし春だったならば…」って、事実に反する仮想をしているんですね。

ところが、例題❷はちょっと変です。

❷ これに何を書かまし。

これは、さきほどの

A ［ませ／ましか／せ］ば、B ［まし］。

ではなく、

［疑問語］——［まし］。

「何」・「誰」・「や」・「いつ」・「いづこ」など

ためらいの意志

～しようかしら

～しようかな

という形をとっています。

こんなのは、**ためらいの意志**。

ためらいの意志、というのは、普通の意志とは違うんです。

普通の意志なら、〈～しよう〉と訳すでしょう？

でも、ためらいの意志は、**〈～しようかしら〉**とか、**〈～しようかな〉**と訳します。

たとえば、みなさんの友達が、「この服を買おう」と言った場合、それははっきり「この服」を買う意志があるということなんです。

でも、「この服を買おうかな」と言っている友達は、ちょっと違います。「買おう**かな**」っていうんだから、まだちょっと買うかどうか迷っているみたい。

こんなのが、ためらいの意志。

買う意志はあるんですけど、まだちょっとためらっているんですね。

もう一度、例題の**2**を見てください。

2 これに何を書かまし。
【訳】これに何を書こう**かしら**。

例題の**2**は、「まし」の上に「**何**」という疑問語がありますね。
こんなふうに、反実仮想の形をとっていなくて、上に疑問語がある場合は**ためらいの意志**になります。「これ」に何かを書く意志はあるんですが、いざとなると何を書こうか迷ってしまっているんでしょうね。

「まし」の意味として、もうひとつ、**推量**〈**〜だろう**〉というのがあります。

これは、江戸時代の人が、「**まし**」を「**む**」と同じように使ったものです。「まし」が、反実仮想でも、ためらいの意志でもないときがこの用法ですが、古文読解をする上でも、入試問題を解く上でも、それほど重要なものではありません。

みなさんはやはり、反実仮想の「まし」と、ためらいの意志の「まし」をしっかり覚えておくようにしてくださいね。

136ページの解答
❶ もし春だったならば、桜の花も咲いただろうに。
❷ これに何を書こうかしら。

★推量の助動詞「まし」のおさらい

活用表

基本形	未然形	連用形	終止形	連体形	已然形	命令形
まし	ませ ましか	○	まし	まし	ましか	○

意味

① **反実仮想**〈もしA（だった）ならば、B（だった）だろうに〉
② **ためらいの意志**〈～しようかしら・～しようかな〉
③ **推量**〈～だろう〉

接続

未然形接続

注意点

注意1　① **反実仮想**は、

A［ませ／ましか／せ］ば、B［まし］。　という形をとる。

注意2　② **ためらいの意志**は、

［疑問語］――［まし］。　という形をとる。

10 推量の助動詞4「べし」

「べし」は難しい。

そういっておどかす先生もいらっしゃるんですが、ぼくはそうは思いません。

だって、みんなが騒ぐほど入試問題にはならないのですから。

「べし」の難題が出て世間を騒がせていたのは、平成10年ぐらいまでのこと。今出題される「べし」の問題はやさしいものばかりです。だから全然こわがる必要はありません。

国公立大の場合は、やさしいというより、採点基準が甘かったり、減点対象に入っていなかったりすることが多いようです。

「訳すと不自然な『べし』は省いてもかまわないし、訳が通ればどう解釈してもかまわない」

これが、まともな国文学者（出題者）の考え方なんです。

たとえば、ちょっと次の問題を考えてみていただけますか？

傍線を引いた短文はどういう意味でしょうか。また、傍線部の「べし」は、推量・意志・可能・当然・命令・適当のうちのどれがいいですか。次の選択肢から正しいと思われるものを三つ選んでください。

「都荒れたり。汝は東に行くべし」と、父君の仰せゆゑ、東に下りけり。

【訳】「都は荒れている。……」と、父君がおっしゃるので、東国に下った。

①「お前は東国に行くのだろう」という意味で、「べし」は推量である。
②「お前は東国に行こう」という意味で、「べし」は意志である。
③「お前は東国に行くことができる」という意味で、「べし」は可能である。
④「お前は東国に行くべきだ」という意味で、「べし」は当然である。
⑤「お前は東国に行きなさい」という意味で、「べし」は命令である。
⑥「お前は東国に行くのがよい」という意味で、「べし」は適当である。

かんたんですよね。そう。答えは④・⑤・⑥。

「都は荒れている。だからお前は東国に行くべきだ」といったのか、「都は荒れている。だからお前は東国に行きなさい」といったのか、「都は荒れている。だからお前は東国に行くのがよい」といったのか。

当然か、命令か、適当かは、お父さんに聞いてみないとわかりません。

でも一つ断言できるのは、どれをとってもお父さんのせりふは不自然ではない、ということ。

受験生はこういう場合、教える側の都合で、「この『べし』は『命令』にしておきなさい」といわれることが多いのですが、記述なら「当然」「命令」「適当」のどれで訳しておいてもかまわないんですよ。

一つに決めつける必要がない。

そして、「べし」はそういうものだということがわかっているので、出題者側もむちゃなことは絶対に聞かない。

みなさんは、以上のことをよくわかった上で、「べし」を勉強しておくようにしてください。

「べし」は何らかの法則によって、必ず一つの意味に決めつけないといけない、なんて考えていると、わけがわからなくなりますから。

さて、では「べし」について、みなさんは一体何をどこまで勉強しておけばいいのでしょうか。もし現代の入試問題で必要な知識があるとすれば、それは以下の二つだと思うんです。

1 「べし」の意味と訳し方が全部あげられる。

2 よく出る「べし」の形を知っている。

まず1。意味ですね。

これは、「スイカトメテ（西瓜《すいか》止めて）」と覚えておきましょう。

推量、**意志**、**可能**、**当然**、**命令**、**適当**の六つです。

この六つでも多すぎるという国文学者がいるぐらいですから、義務とか予定とか、話がよけいにややこしくなるようなものは覚えなくていいと思いますよ。

べし
- ① **推量** ～だろう
- ② **意志** ～しよう
- ③ **可能** ～できる
- ④ **当然** ～はずだ・～べきだ
- ⑤ **命令** ～しなさい
- ⑥ **適当** ～がよい・～が適当だ

面倒くさいですけど、みなさんは以上の**意味と、それぞれの訳し方をまず頭に入れてください。**
で、「べし」が出てきて意味を決めないといけないときには、これを順番にあてはめる。そして、

いちばんしっくりくる意味を選ぶ。

それでおしまいなんですけど、それだけではあまりにも不親切ですね。

そこで、ぼくがいつもやっている方法をみなさんにご紹介しておこうと思います。

意味を考える順番です。それと一緒に、入試によく出る形も確認しておくことにしましょう。

ではまた次の例題を考えてみてください。


「べし」の意味はどれがいいですか。あえて一つに決めてください。答えは選択肢のなかから選びましょう。（ただし、6はエを選ばないこと）

1 子のいはく、「我は都に上るべし」。
2 父のいはく、「汝は都に上るべし」。
3 羽なければ、空をも飛ぶべからず。
4 十年《ととせ》学《まね》ぶとも、初心忘るべからず。
5 初心の歌詠みは、歌数をあまた詠むべし。
6 雨降りぬ。風も吹くべし。

ア 意志　イ 命令　ウ 可能　エ 当然　オ 推量

むちゃな問題ですね。「あえて一つに決め」ろ、なんていっています。

でも、まあ、受験生ですから、「世間の常識にそって、あえて一つに決める」技術ももっておくことにしましょう。

「世間の常識にそって、あえて一つに決める」ような問題は、たまに私大で出ることがありますから。

「べし」の意味を考えるとき、ぼくはいつも「意志」と「命令」から考えて行きます。

主語＝一人称 べし 意志
主語＝二人称 べし 命令

こんな形の「べし」は意志や命令にしよう、という先生が昔から多かったんです。別にそう決めつけなくてもいいんですが、人がたくさん通ると道ができるように、みんながそう教えるのでよく問題が出るようになりました。

会話文の文末に終止形で「べし」が出ていて、文の主語が一人称なら意志。
会話文の文末に終止形で「べし」が出ていて、文の主語が二人称なら命令。

だから、❶は**意志**、❷は**命令**と考えます。

❶ 子のいはく、「我は都に上るべし」。
❷ 父のいはく、「汝は都に上るべし」。

❶は、子どもが「私は都に上ろう」といった、❷は、父が「お前は都に上りなさい」といった。そう考えるわけです。

次に、「べし」が打ち消されていたら、可能と当然を考えます。「べし」の打消表現はいろいろ考えられますが、「べからず」とか「べくもあらず」という形が一般的です。

打消文中の「べし」→**可能**か**当然**

「べし」が打ち消されていたら、まず「**できない**」と訳してみましょう。それがはまったら、**可能**にします。不自然なら「**はずがない・べきではない（てはならない）**」と訳してみましょう。こっちがはまれば**当然**です。

3 羽なければ、空をも飛ぶべからず。

【訳】羽がないので、空をとぶことはできない。
↓**可能**

4 十年学ぶとも、初心忘るべからず。

【訳】十年勉強したとしても、初学のときの心を忘れるべきではない（忘れてはならない）。
↓**当然**

以上のどれにもあてはまらないとき。

つまり、

① 「**主語＝一人称**――べし」
② 「**主語＝二人称**――べし」
③ 打消文中の「べし」

以上①～③のどれでもないときは、当然・適当で訳してみます。

ついでにいっておくと、**当然**の〈**べきだ**〉と**適当**の〈**がよい**〉は、どっちでとってもいいということを覚えておいてください。

たとえば**5**の、

5 初心の歌詠みは、歌数をあまた詠むべし。

という文の場合、

【訳】初心者の歌詠みは、歌数をたくさん詠む**べきだ**。（**当然**）

【訳】初心者の歌詠みは、歌数をたくさん詠むの**がよい**。（**適当**）

のどちらでも、意味に大した違いはありません。

ふつうこれをどちらかに決めさせる問題は出しませんし、出たとしたら悪問になりますね。

この例題には、選択肢に適当がありませんから、**5**の解答は、**エ**の**当然**を選んでおきます。

さて、最後に、どうにもならないときは**推量**で訳してみます。

6 雨降りぬ。風も吹くべし。

【訳】雨が降った。風も吹くだろう。

これだって、当然でとって、「雨が降った。風も吹くはずだ」と考えてもいいんですよ。

でも、例題に、「ただし、**6**は**エ**を選ばないこと」とあるので答えは**推量**にします。

「べし」の意味をどうしても一つに決めつけないといけないとき。ぼくはいつも以上の手順で意味を決めています。こうしないと答えが出ないわけではありませんが、一つの考え方として参考にしていただけたら幸いです。

★推量の助動詞「べし」のおさらい

活用表

基本形	未然形	連用形	終止形	連体形	已然形	命令形
べし	○ べから	べく べかり	べし	べき べかる	べけれ	○

接続

終止形接続

（ラ変型の活用語には連体形接続）

意味

① 推量〈〜だろう〉
② 意志〈〜しよう〉
③ 可能〈〜できる〉
④ 当然〈〜はずだ・〜べきだ〉
⑤ 命令〈〜しなさい〉
⑥ 適当〈〜がよい・適当だ〉

注意点

注意1　主語＝一人称　べし…意志、主語＝二人称　べし…命令

注意2　打消文中の「べし」は、可能・当然が多い。

11 断定の助動詞「なり」と伝聞推定の助動詞「なり」

古文を読んでいると、よく出てくる助動詞に「**なり**」があります。助動詞の「なり」には**二つ**あって、その識別の仕方を知っておかないと大変なことになります。今回はその要領を勉強しましょう。

傍線部の助動詞の意味を答えましょう。

1 宴《うたげ》などするなり。

2 風の音もすなり。

まず、**断定**の「なり」。これは今でも使うことがあるから、みなさんもご存じだと思います。

こんなのが断定ですね。

断定というのは、言い切るということ。断言するんです。「人である!」というふうに。

この「なり」は、語源（もとの形）が「**に・あり**」でした。「に・あり」がくっついて「なり」になったんです。

名詞・連体形 ― **なり**（に・あり）
① **断定** **〜である**
② **存在** **〜にある・〜にいる**

意味は断定の他に、**存在**というのがあります。語源が「に・あり」ですからね。

たとえば、「山なり」っていうのは、もともとは「山にあり」だったんです。「山にあり」を素直に訳せば、「山にある」になるでしょう? だから「なり」には、断定の他に存在の意味がある。

断定と存在の区別はかんたんです。次の形を覚えておくこと。

場所＋なる＋名詞　存在

過去なら「なりける」

【例】山なる木。
【訳】山にある木。
【例】山なりける木。
【訳】山にあった木。

こんな形をとる「なり」は存在になります。

「沖なる小舟」なら「沖にある小舟」。「家なる人」なら、「家にいる人」。「川なる魚」なら「川にいる魚」という要領です。

「ポケットなる小銭」といえば、「ポケットにある小銭」という意味で、お金がいまポケットの中にあるわけですよね。ところが、お金を使っちゃって、もうポケットの中にない場合は、「ポケットなりける小銭」って言います。これは「ポケットにあった小銭」という意味。こんなふうに、存在したのが過去の場合は、「場所＋なりける＋名詞」という形をとります。

断定の助動詞「なり」に対して、**伝聞推定**の助動詞といわれるもう一つの「なり」があります。

ややこしいですね。こちらは、**終止形**（**ラ変型には連体形**）につきます。

終止形
（ラ変型には連体形）＋なり　①**推定**　**〜ようだ**
②**伝聞**　**〜そうだ**

音《ね》・あり

伝聞推定の「なり」の語源は、「**音《ね》・あり**」でした。「音・あり」がくっついて「なり」になりました。この「なり」は、直接目で確かめないで音を聞いて何かを推定する助動詞です。

たとえば、みなさんが部屋の中で勉強していたとします。

部屋の中にいるので、外の様子は、みなさんには見えません。

すると、突然、部屋の外で「音《おと》」がしました。

「にゃお〜」

みなさんは思います。


あ、『にゃお〜』って鳴いたから、ミケが来たようだ。

これが「音《ね》・あり」です。

「にゃお～」という「音《おと》」がしたから、ミケが来たようだ。

こんなことは、日常生活でよくありますよね。「ガレージで車の音がしたから、お父さんが帰ってきた**ようだ**」とか、「トントントンって包丁の音がしたから、お母さんが食事のしたくをしている**ようだ**」とか…。**推定**の助動詞は、こんなふうに、**音を根拠にして何かを推定します**。

推量と推定は何がちがうのですか？

よく受験生から受ける質問です。

推量の助動詞っていうのは、別になんの根拠もなく、ものごとを「～だろう」って推測します。みなさんもありませんか？「たぶん大丈夫だろう」って、なんの根拠もなく推測することが…。

それに対して、推定の助動詞には根拠があります。

推定の「なり」の場合は「**音**」が根拠になる。

部屋の外で「にゃお～」って鳴き声がしたら、やっぱり猫がいるのが普通ですよね。部屋の外で「にゃお～」って鳴いて、ドアをあけたらお母さんが立っていたっていうのは珍しいよ。このようにちゃんとした**根拠をもってものごとを推しはかる助動詞**を、ふつう「**推定**」と呼んでいます。

推定の意味がわかったら、今度は伝聞についてです。

推定の助動詞「なり」は伝聞で使われることもあります。推定と伝聞の意味で使うので、この助動詞の名前は「**伝聞推定**」。

音は音でも、人間の口から出る音（＝**ことば**）には意味があります。うめき声は別ですよ。ふつうに人が話すことば。これが耳に入ったら**伝聞**です。


たとえば、みなさんがテレビを見ているとしましょう。

すると、アナウンサーが言いました。

「関東地方、明日は雨のもようです」

このことばを聞いたみなさんが、お母さんに言います。

「明日は雨が降る**そうだよ**」

これが伝聞ですね。「**音**」を聞くのではなくて、

「**ことば**」を聞く。

さて、活用語の終止形（ラ変型には連体形）につく助動詞「なり」には、こんなふうに、伝聞と推定とがあります。どっちかになるわけですが、みなさんが古文を現代語訳するとき、慣れない間

は、音の鳴りそうなことばがあるかどうかを探しましょう。
音の鳴りそうなことばがあれば推定、なければ伝聞です。

① **虫の声**すなり。…音が**ある**ので**推定**！【訳】虫の声がしている**ようだ**。
② 修行もすなり。…音が**ない**ので**伝聞**！【訳】修行もする**そうだ**。

①の例文には「虫の声」という「音」の鳴りそうなことばがありますね。こんなのはふつう推定になります。それに対して、②の例には「音」の鳴りそうなことばがありません。こっちは伝聞です。勉強をすすめていくと、「音」が見あたらなくても推定、という例がないこともありませんが、そんなのを処理するのはこれから先の話です。
今はとりあえず原則をしっかり身につけること！

では、冒頭の例題を見てみましょう。

1 宴などするなり。 【訳】宴会などをするのである。
2 風の音もすなり。 【訳】風の音もしているようだ。

1は「なり」が「する」についています。「する」はサ行変格活用の動詞「す」の連体形でしたね。

サ行変格活用

例語	語幹	未然形	連用形	終止形	連体形	已然形	命令形
す	○	せ	し	す	する	すれ	せよ

すると、断定の助動詞は、名詞や連体形につきますから、1の「なり」は断定の助動詞ということになります。

一方、2の「なり」は「す」についています。この活用表をみるとわかりますが、「す」はサ行変格活用「す」の終止形です。終止形につくのは、伝聞推定。この場合、「風の音」という「音」の鳴りそうなことばがありますから推定ですね。

「なり」には断定と伝聞推定とがあります。

断定の「なり」と伝聞推定の「なり」を識別するために、みなさんは、改めて次のことを確認しておいてください。

名詞・連体形　＋　なり　断定　～である
終止形（ラ変型には連体形）　＋　なり　伝聞推定　～ようだ・～そうだ

断定の「なり」は名詞や連体形につき、伝聞推定の「なり」は終止形（ラ変型には連体形）につきます。

「なり」の上に何が来るか。これを忘れてしまうと、識別ができなくなりますからね。

152ページの解答　1 断定　2 推定

★断定の助動詞「なり」と伝聞推定の助動詞「なり」のおさらい

断定の「なり」

活用表

基本形	未然形	連用形	終止形	連体形	已然形	命令形
なり	なら	なり に	なり	なる	なれ	なれ

意味

① **断定**〈～である〉
② **存在**〈～にある・～にいる〉

接続

名詞・連体形接続

伝聞推定の「なり」

活用表

基本形	未然形	連用形	終止形	連体形	已然形	命令形
なり	○	なり	なり	なる	なれ	○

意味

① **推定**〈～ようだ〉
② **伝聞**〈～そうだ〉

接続

終止形接続（**ラ変型の活用語**には**連体形**接続）

注意点

注意1　**断定**と**存在**は形で区別する。「場所＋なる＋名詞」「場所＋なりける＋名詞」の形は**存在**。
注意2　**推定**と**伝聞**とは文脈判断。音を聞いているようなら**推定**。それ以外は**伝聞**が原則。

12 打消の助動詞「ず」

今回の助動詞はかんたん！　**打消**の助動詞「**ず**」の勉強です。

傍線部の助動詞の意味を答えましょう。

1 「花も咲かぬ」とひとりごちけり。

2 「花も咲きぬ」とひとりごちけり。

以前、幼稚園児をおふろに入れてあげて、なにげなく、

「『行かずじまいに終わる』ってどういうことかわかる？」

って聞くと、

「うん、わかるよ。『行かなかった』ってことだよ」

と答えてくれたので、びっくりしました。

五歳の子どもでも「ず」の意味はわかっているんですね！

みなさんには言うまでもないことですが、打消の助動詞「ず」は、〈～ない〉って訳します。

そんな声が聞こえてきそうですけど、ちょっと待って！ 活用はちゃんと覚えていますか??

打消の助動詞「ず」

基本形	未然形	連用形	終止形	連体形	已然形	命令形
ず	○	ず	ず	ぬ	ね	○
	ざら	ざり	○	ざる	ざれ	ざれ

打消の助動詞「ず」は、活用が右側と左側に分かれます。右側が**本活用**、左側が**補助活用**。

どっかで聞いたことありませんか？

…そう。**形容詞**です。

ウォーミングアップ編で形容詞の勉強をしたとき、本活用と補助活用の違いにふれましたね。

（忘れた人は41ページへ！）

助動詞がつくのは、原則として補助活用の方って覚えておくのがポイントでした。打消の「ず」も、**下に助動詞がつくときは、原則として左の補助活用につきます。**

打消の助動詞は簡単なようで、実はいろいろと問題の多い助動詞です。

これも親戚《しんせき》の高校生の話なんですが、あるとき、みんなでテレビを見ていると、

「あのさー…『風とともに去り**ぬ**』って、『風とともに去ら**ない**』って意味？　それとも、『風とともに去って**しまった**』って意味？」

と聞いてきました。

この「ぬ」は**打消**か、**完了**かっていうんですね。

「そんなこと、『風とともに去って**しまった**』に決まっているじゃないか」

そう言いましたが、何だか不満な様子…。みなさんは大丈夫ですか？

ちょっと次の活用表を見てください。

基本形	未然形	連用形	終止形	連体形	已然形	命令形	意味
ず	○	ず	ず	**ぬ**	ね	○	打消
ぬ	な	に	**ぬ**	ぬる	ぬれ	ね	完了

打消の助動詞は、本活用の方だけ取り出しました。

まず活用表の太い色文字のところ…。「ぬ」が重なっていますね。**打消の連体形**も「**ぬ**」ですし、**完了の終止形**も「**ぬ**」です。これでは、うちの親戚の高校生が、「風とともに去り**ぬ**」が打消か完了かわかんないっていうのも無理はありません。これを見分けるのが「**ぬ**」**の識別**です。

同じことは「ね」にも言えます。活用表の太い黒文字の部分を見てください。**打消の已然形**も「**ね**」ですし、**完了の命令形**も「**ね**」ですよね。ってことは、「ね」が出たときには、どっちが打消でどっちが完了だかわかんない、ということになります。。これが「**ね**」**の識別**。

「ぬ」や「ね」を識別するときには、接続の知識を使うと便利ですよ。打消の「ず」と完了の「ぬ」の接続、ちゃんと覚えてますか？（忘れた人は70〜71ページへ！）

未然形	ぬ・ね	打消	〜ない
連用形	ぬ・ね	完了	〜た・〜てしまった

打消の「ず」は未然形につきましたね。だったら、**未然形につく「ぬ・ね」は打消**とわかります。一方、完了の「ぬ」は連用形につきましたね。ということは、**連用形につく「ぬ・ね」は完了**ということになります。

ちょっと例題に戻ってください。

❶「花も咲か**ぬ**」とひとりごちけり。【訳】「花も咲か**ない**」とひとりごとを言った。

❷「花も咲き**ぬ**」とひとりごちけり。【訳】「花も咲い**た**」とひとりごとを言った。

❶は、**咲か**（未然形）**ぬ**というふうに、「ぬ」が未然形についています。だから、この「ぬ」は**打消**とわかります。

❷は、**咲き**（連用形）**ぬ**というふうに、「ぬ」が連用形についています。だから、この「ぬ」は**完了**です。

かんたんですね！ **「ぬ・ね」が未然形につくと打消。「ぬ・ね」が連用形につくと完了。**

でも…、こんな場合はどうなるんでしょうか？

❸ 明けぬ夜《よ》はなし。

❹ 夜、明けぬ。

みなさん、どうぞ紙を出して、いや…この本の余白でもいいですから、「明く」という動詞の活用表を書いてみてください。どうですか？

「明く」は下二段活用ですから、

基本形	未然形	連用形	終止形	連体形	已然形	命令形
明く	け	け	く	くる	くれ	けよ

未然形も「**け**」だし、**連用形**も「**け**」です。これでは下の「ぬ」が打消なんだか、完了なんだか、判断がつきませんね。

こんなときは、「ぬ」の活用形で判断します。「ぬ」が何形なのかをチェック！

もう一度、打消「ず」と完了「ぬ」の活用表を見てみましょう。

基本形	未然形	連用形	終止形	連体形	已然形	命令形	意味
ず	○	ず	ず	ぬ	ね	○	打消
ぬ	な	に	ぬ	ぬる	ぬれ	ね	完了

「ぬ」という形は、**打消**の助動詞の**連体形**です。**完了**なら**終止形**ですね。ということは、接続がどうであろうと、「ぬ」が連体形なら打消、「ぬ」が終止形なら完了ということになると思いませんか。

❸の「ぬ」は、「夜」という体言の上にあるので連体形です。「ぬ」が連体形なら、打消の助動詞だとわかります。

❸ 明け**ぬ**夜はなし。

体言

連体形

基本形	未然形	連用形	終止形	連体形	已然形	命令形	意味
ず	○	ず	ず	ぬ	ね	○	打消

【訳】**明けない夜はない。**

❹の「ぬ」は、そこで文が終わっているから終止形です。「ぬ」が終止形なら、完了の助動詞だとわかります。

❹ 夜、明け**ぬ**。

文の終わり

終止形

基本形	未然形	連用形	終止形	連体形	已然形	命令形	意味
ぬ	な	に	ぬ	ぬる	ぬれ	ね	完了

【訳】**夜が明けてしまった**。

まとめると、こういうことになりますね。

「ぬ」が**連体形**なら**打消**、「ぬ」が**終止形**なら**完了**。

これを覚えておけば、上のことばが未然形か連用形かわかんないさっきみたいな場合でも、絶対に困ることはありません。

ぬ	ね
連体形…打消	**已然形…打消**
終止形…完了	**命令形…完了**

「ね」も同じように考えてください。「ね」が**已然形**なら**打消**、「ね」が**命令形**なら**完了**です。

上が何形だろうが、これさえ覚えておけば安心ですよ！

162ページの解答 ❶ 打消 ❷ 完了

★打消の助動詞「ず」のおさらい

活用表

基本形	未然形	連用形	終止形	連体形	已然形	命令形
ず	○	ず	ず	ぬ	ね	○
	ざら	ざり	○	ざる	ざれ	ざれ

意味

打消〈～ない〉

接続

未然形接続

注意点

注意1 活用をしっかり覚えておく。

注意2 「**ぬ**」「**ね**」は、**打消の助動詞「ず」**と**完了の助動詞「ぬ」**との識別に注意！

未然形―**ぬ・ね**→打消

連用形―**ぬ・ね**→完了

ぬ 連体形→打消　終止形→完了

ね 已然形→打消　命令形→完了

13 その他の助動詞

さて、以上で主要な助動詞のチェックが終了しました。
次に、できれば知っておいた方がいいという助動詞をまとめておくことにしましょう。

★推量の助動詞「むず」

むず
① **推量** ～だろう
② **意志** ～しよう
③ **勧誘** ～がよい
④ **仮定** もし～なら
⑤ **婉曲** ～ような

①意味・使い方は推量の助動詞「む」と同じ。
②連体形「むずる」・已然形「むずれ」の形をしっかり覚えておく。

「むず」は「む」さんの双子の兄弟みたいなもの。意味がそっくりなんです。

「む」の意味は、**文末**が**推量・意志・勧誘**。**文中**が、**仮定・婉曲**でしたね。

「むず」の意味も**文末**が**推量・意志・勧誘**。**文中**が、**仮定・婉曲**です。

でも、「む」さんと違って、意味の識別はあまり出題されません。


「むず」で重要なのは②について。

連体形の形が「**むずる**」、**已然形**の形が「**むずれ**」。これ、絶対忘れないようにしてください。

たとえば、次の傍線部を品詞分解しなさい、といわれた場合。

花なむ**咲かむずる**。

○ 咲か（動詞）｜むずる（助動詞）

が、正解なんです。動詞「咲く」の未然形に、**推量**の助動詞「むず」の連体形がついているわけで

すね。でも、あわてると、

× 咲か―むず―る
× 咲か―む―ずる
× 咲か―む―ず―る

のように、切りすぎてしまう場合がよくあります。

「むずれ」も同じです。「むずれ」で一語なのに、「むず・れ」にしたり、「む・ずれ」「む・ず・れ」にしたりしないこと。


連体形「むずる」と、已然形「むずれ」は、くれぐれも切りすぎにご用心！


助動詞「むず」は活用をしっかり覚えておくのがポイント、というわけですね。

（助動詞の活用表は260・261ページにあります。）

★推定の助動詞「なり」「めり」「らし」

「なり」が**推定**の助動詞だということは、155ページで勉強しましたね。

その「なり」に、妹と弟がいます。

「めり」さんと「らし」くんです。入試でより重要な「めり」さんから確認しておきましょう。

めり
① **推定** 〜ようだ
② **婉曲** 〜ようだ

「なり」の語源は「音《ね》・あり」。「なり」は音（聴覚）によって何かを**推定**する助動詞でしたね。

「めり」は**視覚**です。語源は「見《み》・あり」。

「**（見たところ）〜のようだ**」と、**視覚によって何かを推定**する助動詞なんです。

たとえばここに、「盛りの過ぎた花」があるとします。枯れかけの花です。

それを見ながら、誰かが、

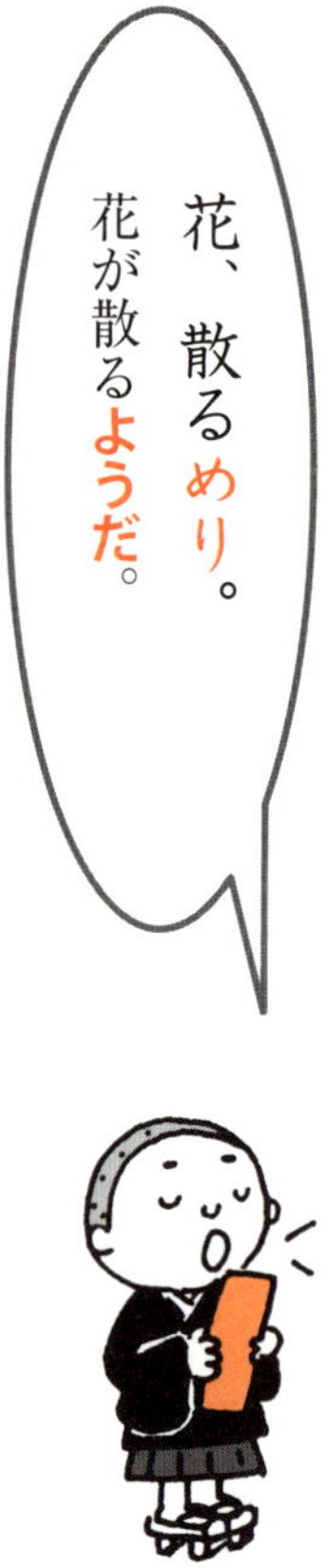

なんていう。これは適当にいってるんじゃなくて、ちゃんと見た目の根拠があります。

そういうときにこの「めり」を使うんですね。

私が今この目で**見たところ**、花はもう散る**ようだ**、と。

見ているのは「盛りの過ぎた花」。それが推定の根拠になっているんです。

もう一つ、「めり」には婉曲という用法があります。

婉曲というのは、表現をやわらかく遠回しにいうこと。たとえば、

（日本はこれから好景気に）向かふなり。【訳】向かうのである。

と断定したら、好景気に向かわなかったときは責任問題です。ところが、こんなとき、

（日本はこれから好景気に）向かふめり。【訳】向かうようだ。

といっておけば、ずいぶんと表現がやわらかく、遠回しになります。

だって、「（私が見たところ）好景気に向かうようだ」っていうんですからね。もし好景気に向かわなかったら、自分の見方がまちがっていたよ、ごめんねってあやまったらおしまい。

こんなのが婉曲です。

何かを推定するというよりは、「間違っているかも知れないけど、私にはこう見えます」と、遠慮がちに自分の見方を示すんですね。

「めり」の場合、推定「〜ようだ」と、婉曲「〜ようだ」とを、はっきりと区別しにくい場合がよくあります。

さっきの好景気の例だって、人によっては見た目による「推定」ととる人がいるかもしれません。でも心配はご無用。入試では「めり」を推定と婉曲に分けなさいなんて問題はありませんから。

それに、訳語はどちらも同じ「**〜ようだ**」でしょう？
だから、受験生としては、

「めり」は「見あり」が語源。
だから**視覚による推定**。
「**(見たところ)〜ようだ**」という意味になる！

と理解しておけば大丈夫。「**視覚による推定**」。これが「めり」のポイントです。

さて、次は「らし」を勉強しましょう。

らし　推定　〜らしい

「らし」の根拠は、**客観的事実**です。「**〜らしい**」と訳します。
客観的事実、なんていうと、なんだか難しそうですけど、内容はかんたん。小学生でもわかりますよ。たとえば、こんな和歌。

（根拠）夕《ゆふ》されば衣手《ころもで》寒し

（注）夕されば＝夕方になると。衣手＝袖《そで》。

〈推定〉み吉野の山にみ雪降るらし

右の例は「夕方になると袖に吹きつける風が冷たい」という**客観的事実を根拠**にして、だから「吉野山に雪が降っているにちがいない」と**推定**しています。

こんなのもありますよ。これも和歌。

〈根拠〉立田川色紅《くれなゐ》になりにけり
〈推定〉山の紅葉ぞ今は散るらし

この例は「立田川が真っ赤になった」という**客観的事実を根拠**に、だから「いま山の紅葉は散っているらしい」と**推定**。

人里を流れる立田川に真っ赤な葉がいっぱい浮かんでいるということは、上流にある山で紅葉が散っているに決まっている。だから、下流の川面が真っ赤になっているんだよ、と。

ね、かんたんでしょう?

今の二つの例を見てもわかるように、「らし」はふつう**和歌でしか使われません**。

で、こんなふうになります。

客観的事実	推定する内容
①	② らし

「らし」の使われている和歌は、ふつう二つのセンテンスから成り立っています。「らし」のついているセンテンスが推定する内容、「らし」のついていないセンテンスが推定の根拠と成る事実。

「①である。だから、②らしい」

というわけですね。

時には倒置で、①と②がひっくり返っている場合もあります。

推定する内容	**客観的事実**
② **らし**	①

この場合は、

「②らしい。だって、①だから」

ということになりますね。

さっきあげた二つの和歌を、この枠組にあてはめたら、内容がよく理解できると思いますよ。

★打消推量の助動詞「じ」「まじ」

「じ」も「まじ」も、**打消推量**の助動詞といわれています。

「じ」は「む」を打ち消したもの。「まじ」は「べし」を打ち消したものです。

「ず（打消）」＋「む（推量）」＝「**じ**（**打消推量**）」
「ず（打消）」＋「べし（推量）」＝「**まじ**（**打消推量**）」

というわけですね。どちらの助動詞も、入試にそんなによく出るわけではありません。意味がわかれば十分なので、かんたんにポイントをまとめておくことにしましょう。まずは「じ」。

じ
① **打消推量**　～ないだろう
② **打消意志**　～ないつもりだ・～ないでおこう

文の**主語が一人称**なら、**打消意志**。
それ以外が主語なら、**打消推量**と考えます。

主語＝一人称……打消意志
じ
主語＝一人称以外……打消推量

我、行かじ。　打消意志【訳】私は行かないつもりだ。

雨、降らじ。　打消推量【訳】雨は降らないだろう。

なお、ちょっと古めかしい訳し方ですが、「**～まい**」という訳語を覚えておくと、打消意志と打消推量、どっちにも使えて便利です。

我、行かじ。【訳】私は行く**まい**。

雨、降らじ。【訳】雨は降る**まい**。

次は「まじ」。「まじ」はたくさんの意味がありますね。「べし」の打消なんですから当然のことです。

まじ

① **打消推量** 〜ないだろう・〜まい
② **打消意志** 〜ないつもりだ・〜まい
③ **不可能** 〜できない
④ **打消当然** 〜はずがない・〜べきでない
⑤ **禁止** 〜するな
⑥ **不適当** 〜ないのがよい

「べし」が「す・い・か・と・め・て」（忘れた人は145ページへ！）ですから、「まじ」は「（打消の）す・い・か・と・め・て」。

でも、安心してください。入試で「まじ」の意味の識別が出ることはほとんどありません。こんなこと書いたらしかられるかも知れないけれど、「まじ」はだいたいわかっていたら大丈夫。まず、「べし」の打消だから、意味は「（打消の）す・い・か・と・め・て」だということ。あとは訳すときのコツですね。どういう手順で「まじ」の意味をとっていくか。これを次に確認しておきたいと思います。

①まず**打消当然**〈**～べきでない**〉で訳してみます。

武士《もののふ》にある**まじき**ふるまひなり。【訳】武士にある**べきでない**行動だ。

②これがおかしいときは**打消推量・打消意志**〈**～まい**〉で訳してみます。（「まじ」から「まい」ができたわけですから、この二つはたくさん出てきます）

雨、降る**まじ**。【訳】雨は降る**まい**。

我、行く**まじ**。【訳】私は行く**まい**。

③それでもおかしいときは、**不可能**〈**～できない**〉で訳します。

書く**まじき**筆は捨つべきなり。【訳】書くことの**できない**筆は捨てるべきだ。

これでもダメなら他の意味を考えます。でも、普通の文章だと、①から③でほぼうまくいくだろうと思いますよ。

絶対この順番で考えないといけないわけじゃないですけど、参考にしていただけると幸いです。

★希望の助動詞「まほし」「たし」

まほし・たし　希望　～たい・～てほしい

「まほし」と「たし」は希望の助動詞です。

平安時代は「まほし」といっていましたが、鎌倉時代以降は「たし」がよく使われるようになりました。そして、形容詞の「よし」が「よい」に音変化したのと同じ理屈で、「たし」から現代語の「たい」ができました。

だから現代語訳も、基本的には「**～たい**」と訳しておけばOK。それで訳せない場合は、「**～てほしい**」と訳してください。

「まほし」と「たし」は、意味がわかっていれば十分です。

★比況《ひきょう》の助動詞「ごとし」

ごとし　比況　〜ようだ

比況っていうのは比喩《ひゆ》のことなんです。**何かを何かにたとえる**。たとえば、

光陰（＝月日・時間）矢の**ごとし**。【訳】月日（がたつの）は、矢の**ようだ**。

これは、時間がたつのを、矢のはやさにたとえたことばですね。

「ごとし」はこんなふうに、何かを何かにたとえるときに使われた助動詞です。

「比況」という名前と、その意味を忘れないようにしてください。

なお、同じ意味の助動詞に「ごとくなり」「やうなり」があります。これも念のためご注意を。

★断定の助動詞「たり」

たり　断定　〜だ

完了の助動詞「たり」とは別に、**断定**の助動詞「たり」というのがあります。両者はまったく別物。

断定の「たり」は漢文調の文章（『平家物語』など）にしか登場しないので、みなさんはあまり見たことがないかも知れませんね。

完了の「たり」と区別できたら大丈夫。**断定**の「たり」は体言にしかつきません。

臣**たる**者の心得にて候ふ。【訳】家臣**である**者の心得でございます。

このように**「たり」が体言についたら断定**です。**完了の「たり」は連用形につきます**からね。

1 助詞の分類

助詞の問題でいちばん初歩的なのが、個々の助詞が何助詞なのかを聞く問題です。
たとえば、こんなの。

次の短文の中に助詞があれば傍線を引き、何助詞であるかを答えましょう。

若き人・児《ちご》どもなどは、肥《こ》えたるよし。『枕草子』

【訳】 若い女房・幼児などは、ふっくらしているのがよい。

どうでしょう。ちゃんと答えられたでしょうか。

「**など**」と「**は**」が助詞であることはすぐにわかったと思いますが、「**など**」を**副助詞**、「**は**」を**係**《けい》**助詞**と答えられたかどうかはまた別の問題ですね。

助動詞とちがって助詞は現代語と同じものが多いので、ことばそのものを覚えないといけないということはほとんどありません。

さっきの「など」なんて、私たちは日常会話でよく使ってますよね。

「犬や猫**など**のペットは」

というように。

ところが、「など」は何助詞ですかって聞かれると、案外、答えられなかったりする…。

「は」も誤解の多い助詞ですね。

「ぼくは学校に行きます」なんていうものだから、「は」は主格をあらわす「格助詞」だって思い込んでいる人が非常に多い。

まさかみなさん、答えに格助詞なんて書かなかったでしょうね？

★助詞の分類

さて、そんな失敗をしないためにも、まず最初に「助詞の分類」を確認しておきましょう。

古文に出てくる助詞には、①**格助詞** ②**副助詞** ③**係《けい》助詞**（「かかり助詞」と読んでもよい）④**接続助詞** ⑤**終助詞** ⑥**間投《かんとう》助詞**と、六つの種類があります。

この中で、受験生が絶対に記憶しておかないといけないのは、次の三つです。

覚えておきたい助詞

①**格助詞**……**が・の・を・に・へ・と・より・から・にて・して**
②**副助詞**……**だに・すら・さへ・のみ・ばかり・など・まで・し**
③**係助詞**……**は・も・ぞ・なむ・や・か・こそ**

以上の三つは、それぞれにどんな助詞があるのかちゃんと覚えておきましょう。
これ以外の助詞は、使われる位置によってだいたい見当がつきます。
④の**接続助詞**は、

――――**接続助詞**、――――――。
（例）雨降り**て**、地固まる。

のように、活用語（動詞や助動詞）について、**文と文をつなぐ位置に来**ます。

⑤の**終助詞**は、

> ――――**終助詞**。
> 文末
>
> (例) 人に聞かすな。

のように、**文末に来る**ので一目瞭然です。

もちろん、和歌などには「、」「。」を打たないので、位置だけでは完璧な判断ができないこともありますが、そういう微妙なところは、これからみなさんが助詞の知識を深めていけばちゃんとできるようになるから大丈夫。

⑥の**間投助詞**だってそう。

この助詞は「**や・よ・を・こそ**」の四つしかないので、暗記につよい人は覚えておいてもらってもいいですけど、係助詞の「や」と間投助詞の「や」はどこが違うか、とか、係助詞の「こそ」と間投助詞の「こそ」はどう識別するか、とか、そういう入試のポイントを整理するうちに、きっと自然と身についていくことだと思います。

ですから、決して無理はなさらずに。

格助詞・副助詞・係助詞の三つは何とかがんばってくださいね。

2 格助詞

では次に、個々の助詞のポイントを整理していきましょう。まずは「**格助詞**」から。

格助詞って、どういう助詞だかわかりますか？

傍線部の格助詞について、その用法として正しいものをア～オの選択肢から一つずつ選びましょう。

1 春の花。
2 秋の花は、春のよりもをかし。
3 僧の言ふをきく。
4 僧の経などよむが参りけり。
5 彼岸なれば、例の参る。

ア 主格　イ 連体格　ウ 同格　エ 準体格　オ 連用格

格助詞っていうのは、「格」をあらわす助詞のことです。

じゃあ、そもそも**「格」というのは、いったい何なのでしょうか？**


ケンちゃん、おくる。


たとえば、こんな文を誰かが書いたとします。

ところがこれでは、「ケンちゃん」と「おくる」との関係があいまいです。

「ケンちゃん**が**おくる」のか、「ケンちゃん**を**おくる」のか、「ケンちゃん**に**おくる」のか、これでは全然わからない！

要するに、「ケンちゃん」と「おくる」との関係が示されていないので、私たちはとまどうわけですね。ところがもし、

ケンちゃんがおくる。

と書いてあったとしたらどうでしょう？　これならはっきり、「ケンちゃん」と「おくる」との関係がわかります。


「格」とは、要するに、その助詞がついたことば（「ケンちゃん」）**と、他のことば**（「おくる」）**との関係をいいます。**そして、そういう**関係を示す助詞のことを、「格助詞」と呼んでいます。**

話しことばでは、「格」をはっきりと示さないことが多いですね。

「お前、これ、買うだろう?」
これは、正確にいうと、
「お前がこれを買うだろう?」
という関係です。

この関係を示すのが**格助詞**。だから、「が」も「を」も格助詞と呼んでいるんですね。

前置きが長くなりました。ここからが古典文法の話です。

古文の格助詞にはいろんなものがありますが、その中でいちばんよく使われる「**の**」についてこの章では勉強しましょう! 現代の「の」とはちょっと違うところがあるから注意してください。

格助詞「の」の用法は全部で五つ。まず、**連体格**と**準体格**からマスターしていきましょう。

★1 連体格〈の〉と2 準体格〈の〜〉

体言——**の**……体言——

連体格は、**連体修飾格**ともいいます。これは、**体言**についた「の」が、**意味の上で下の体言にかかっていくときの用法**です。そんな難しいことを言わないでも、日常会話でよくこんなふうに言いますね。

ケンちゃんの本。

これは、「ケンちゃん」という体言についた「の」が、意味の上で「本」という体言にかかっています。英文法では、こんなのを所有格っていうんでしょうけど、日本語の文法では連体格と呼びます。ちょっと次の例文を見てください。

赤のチョーク。

「ケンちゃん**の**本」なら、「の」はたしかに所有を示していますけど、「赤**の**チョーク」の「の」は所有を示すとはいえませんよね。日本語は、「の」だからといって、必ずしも所有を示すとは限りません。だから、所有格とは呼ばないで、**連体格**（**連体修飾格**）と呼びます。さっきの例題を見てください。

1 春（体言）の花（体言）

これも**連体格**です。「ケンちゃんの本」なら、ケンちゃんが「本」を所有しているわけですけど、「春の花」の場合、「春」が「花」を所有しているとはいえないので、所有格とは言いません。また、連体格は、こんなふうに、

【例】春 **の** をかしき花

（春：体言　→　花：体言）

「の」がかかる体言「花」が、ちょっと離れたところにあってもかまいません。

一方、**準体格**っていうのは、連体格のバリエーションと考えてください。準体格は、**体言の代用**とか、**準体助詞**と教える学校もあります。どっちだって同じですし、内容はかんたんです。先に冒頭の例題**2**を見てください。

2 秋の花は、春のよりもをかし。

【訳】秋の花は、春**の**（**花**）よりも趣深い。

この「の」が準体格です。準体格は、この例題のように、**「の」の下にあるはずの「花」が書かれていません**。みなさんもよくこんなふうに言いませんか？

望月「これ誰の本？」

ケンちゃん 「ぼく**の**だよ！」

準体格の場合は、「の」の下に省略された体言を自分で補って訳します。省略された体言は、たいてい直前に出ているのが普通です。「ぼくのだよ！」の場合は、「本」ですね。同じように、例題**2**の場合は、直前の「花」を補います。

2 秋の**花**は、春の（**花**）よりもをかし。

これで、「秋の花は、春**の**（**花**）よりも趣深い」という意味になりますね。

次は**主格**です。主格も難しくありませんよ。

★3 主格〈が〉

体言 [の] … 用言

❸ 僧[の]言ふをきく。

僧が　言うことを聞く。

こんなふうに、体言につく「の」が、意味の上で用言（動詞・形容詞・形容動詞）にかかっていったら**主格**です。

今でも普通に使いますよね。

「友達**の**怒る気持ちもわかる」は、「友達が怒る気持ちもわかる」となるでしょう。

例題❸は「僧の言ふをきく」ですから「僧**が**言うことを聞く」となり、主格になります。

この主格にもバリエーションがあります。「**同格**」です。同格は主格の一種で、ちょっとだけ形が違っているものです。

★4 同格〈で〉

4 僧の経などよむが参りけり。

こんなのを見ると、主格と答えてしまう人がいます。「先生！　これって、『僧がお経などを読む』って、主格でとってはダメですか？」と…。いいですよ、これは主格です。でも、主格のなかでも、次の条件1と2を満たすものは同格と考えます。

条件1 「の」がかかっていく**用言が連体形**。

4 僧の経など よむ（連体形）が参りけり。

条件2 **その連体形の下に「の」の上の体言が補える。**

4 僧の経など よむ（連体形）〈僧〉が参りけり。

さっきの例題**3**をもう一度見てください。これは、

僧の**言ふ**　~~僧~~　をきく。
連体形

条件2を満たしていませんよね。「僧で、言う僧を聞く」なんて、なんだか変！　意味がとおりません。こんなのは**主格**。でも、例題**4**は、「僧で、経などを読む僧が参上した」と訳しても、意味は通じます。こんなのが**同格**です。同格の場合は、

4　僧の経などよむが参りけり。
経などを読む僧が参上した。

と、「の」の下からひっくり返して、英語の関係代名詞みたいに訳してもかまいません。これはみなさんの自由ですから、好きな方で訳してくださいね。

★5　連用格（比喩）〈のように〉

格助詞「の」の最後の用法は**連用格**。〈**のように**〉と訳すので、「**比喩**」と呼ばれることもあります。「ヒョウ**のように**走る」っていえば、人の走り方をヒョウにたとえて（比喩して）いるわけですからね。

〈のように〉と訳す「の」は、普通の文章では「**例の**」という形であらわれます。基本的にはこれだけ。だから、「**例の**」の「**の**」は**連用格**、と覚えておくといいです。

普通の文章中

【例】彼岸なれば、例**の**参る。

【訳】彼岸なので、**いつものように**参拝する。

たとえば、「**例の参る**」なら、「**いつものように**参拝する」という意味になります。

ただし、「例の」なら全部が全部〈いつものように〉という訳になるわけじゃありませんよ。「例の人」だと、「いつもの人」っていう意味で、この「の」は連用格じゃありません。だから、正確にいえば、〈いつものように〉と訳せる「例の」の「の」が連用格ということになりますね。

〈のように〉と訳す「の」は、和歌に多くあらわれます。

和歌中

五	七	五	七	七
の	の	の		

【例】吉野川　岩波高く　行く水の　はやくぞ人を　思ひ初めてし

【訳】吉野川で岩にあたって波を高くあげて流れ行く水**のように**、はやくもあの人を愛しはじめてしまったよ。

和歌は「**五・七・五・七・七**」ですが、上から数えて一二文字目と、一七文字目に出ることがほとんどです。ほんのたまに、上から数えて五文字目に出ることもあります。ただしこれも、そこに格助詞の「の」が出たら全部〈のように〉と訳す、ということではありませんよ。連体格の「の」や主格の「が」なんかも出てきます。そこで、みなさんは、今いった位置に「の」が出た場合、とりあえず〈のように〉と訳す習慣をつけておくといいですね。それで下のことばにうまくつながれば、比喩の「の」。不自然なら他の用法を考えます。

190ページの解答　❶イ　❷エ　❸ア　❹ウ　❺オ

★格助詞「の」のおさらい

① **連体格**〈の〉……【例】春の花。
【訳】春の花。

② **準体格**〈の〜〉……【例】秋の花は、春のよりもをかし。
【訳】秋の花は、春の（花）よりも趣深い。

③ **主格**〈が〉……【例】僧の言ふをきく。
【訳】僧が言うことを聞く。

④ **同格**〈で〉……【例】僧の経などよむが参りけり。
【訳】僧で、経などを読む僧が参上した。
（経などを読む僧が参上した。）

⑤ **連用格**（比喩）〈のように〉…【例】彼岸なれば、例の参る。
【訳】彼岸なので、いつものように参拝する。

3

接続助詞

今回は「**接続助詞**」を確認することにしましょう。

次の各文を傍線部に注意して訳しましょう。

1 雨降らば、我行かず。

2 雨降れば、我行かず。

接続助詞というのは、文字どおり、**文と文とを接続する助詞**のことです。たとえば、

雨降る**に**、我行く。

という例文の場合、「雨降る」という文と、「我行く」という文とを、「に」が接着剤のようにつないでいます。こういう助詞が接続助詞です。接続助詞を勉強するときに、よく出てくる文法用語に、「**順接**」と「**逆接**」というのがあります。知っていますか?

順接

A 雨降る**に**、我行かず。

予想通りの展開

【訳】雨が降る**ので**、私は行かない。

逆接

B 雨降る**に**、我行く。

予想とは逆の展開

【訳】雨が降る**のに**、私は行く。

雨が降ると、外にはなるべく行きたくありませんよね。「雨が降る」というと、「あ、外には行かないんだろうな」と思いますすね。その予想通りAの例文は「行かず」と続いています。こんなのが**順接**です。しかし、予想とは逆にBの例文は「行く」と続いています。これが**逆接**ですね。

接続助詞にはいろいろなものがありますが、この章では、いちばん重要でよく出てくる接続助詞「**ば**」をおさえましょう。受験生に、古文の予習として現代語訳したものを見せてもらうと、古文が不得意な人ほど、「ば」の訳し方がおかしいことがあります。「雨**降らば**」も〈雨が降れば〉、「雨**降れば**」も〈雨が降れば〉。…これではいけませんね。

「ば」は**上に活用語の何形が来るかで、意味が変わってきます。**

未然形 ば	順接仮定条件	もし〜ならば	
已然形 ば	順接確定条件	①原因・理由	ので・から
		②偶然条件	と・ところ
		③恒常条件	といつも・と必ず

仮定条件っていうのは、「まだそうなっていない」という意味です。

雨**降ら**（未然形）**ば**　**仮定条件**　「**もし**、雨が降る**ならば**…」＝まだ雨は降っていない。

確定条件は、「もうそうなっている」という意味です。

已然形
雨**降れ** **ば**　**確定条件**　「雨が降っている**ので**…」＝もう雨が降っている。

順接仮定条件はかんたんですが、順接確定条件はちょっと面倒！　已然形に「ば」がついて、**順接確定条件をあらわすときは、三つの訳し方に分かれます。**

① 雨降れ**ば**、我行かず。
上に下の原因が書いてある
原因・理由　**ので・から**
【訳】雨が降っている**ので**、私は行かない。

② 野を行け**ば**、雨降る。
上が下の原因とはいえない
偶然条件　**と・ところ**
【訳】野を行く**と**、雨が降る。

③ 生あれ**ば**、死あり。
上の状況において、常に下の状況がおこる
恒常条件　**といつも・と必ず**
【訳】生がある**と必ず**、死がある。

このうち、③の恒常条件はめったに出てきません。以前、高校で古文を教えている先生が一〇〇人ぐらい集まるところに同席したことがありました。その時、先生方に、

「已然形に『ば』がつく順接確定条件のうち、**恒常条件**〈**といつも・と必ず**〉っていうのがありますが、先生はどう教えていらっしゃいますか？」

とお尋ねしたことがあります。すると、みなさん、

「一応、教えますね」

「やるにはやります」

「やるけれども、入試にはあんまり出てこないと言います」

って答えてくださいました。なかには、

「あんなもの、ほんとに必要なのでしょうか？」

とおっしゃる先生も…。

要するに、恒常条件っていうのは、古文を読んでいてもめったに出てこないんです。入試問題でもほとんど出題されません。ですからみなさんは、「已然形＋ば」を見たら、〈**ので・から**〉か〈**と・ところ**〉のどっちかで訳すと覚えておきましょう。これを忘れちゃったら大変ですよ！

それでは冒頭の例題を訳してみましょう。

202ページの解答
❶ **もし**雨が降る**ならば**、私は行かない。
❷ 雨が降っている**ので**、私は行かない。

❶は未然形「降ら」に「ば」がついていますから、**順接仮定条件**。解答は「もし降るならば」と訳します。「もし降ったならば」でもいいですよ。

❷は已然形「降れ」に「ば」がついていますから、**順接確定条件**。「已然形＋ば」を見たら、まず訳し方①の〈ので・から〉と訳してみましょう。それで変なら②の〈と・ところ〉にします。❷の場合、「雨が降っているので、私は行かない」で全然おかしくありませんよね。だからこれは**原因・理由**。解答は「降っているので」ということになります。「降るので」と訳してもかまいません。

★接続助詞「ば」のおさらい

未然形＋ば

順接仮定条件　〈**もし〜ならば**〉

【例】雨**降らば**、我行かず。

【訳】**もし**雨が降る**ならば**、私は行かない。

已然形＋ば

順接確定条件

①**原因・理由**　〈**ので・から**〉

【例】雨**降れば**、我行かず。

【訳】雨が降っている**ので**、私は行かない。

②**偶然条件**　〈**と・ところ**〉

【例】野を**行けば**、雨降る。

【訳】野を行く**と**、雨が降る。

③**恒常条件**　〈**といつも・と必ず**〉

【例】生**あれば**、死あり。

【訳】生がある**と必ず**、死がある。

注意点

注意1 順接と逆接の違い

① **順接** **予想通りの展開**
雨降る**に → 我行かず。** 【訳】雨が降る**ので、**私は行かない。

② **逆接** **予想とは逆の展開**
雨降る**に → 我行く。** 【訳】雨が降る**のに、**私は行く。

注意2 仮定条件と確定条件の違い

① **仮定条件** **まだそうなっていないことを前提**
雨降らば 「**もし、**雨が降る**ならば**…」＝ **まだ雨は降っていない！**

② **確定条件** **もうそうなっていることを前提**
雨降れば 「雨が降っている**ので**…」＝ **もう雨が降っている！**

4 係助詞

今回は「係助詞」を勉強しましょう。

次の各文を現代語訳しましょう。
（ただし、❶の「こそ」は強調、❷の「や」は疑問を意味する係助詞である。）
❶ 雨こそ降りけれ。
❷ 雨や降らむ。

係助詞というのは、文字どおり、**下に係っていく助詞**のこと。
「係り結びの法則」（46ページ）というのがありましたね。
文中の係助詞は下に係っていって、本来は終止形で終わるはずの文末を**連体形**にしたり、**已然形**にしたりします。
覚えていますか？

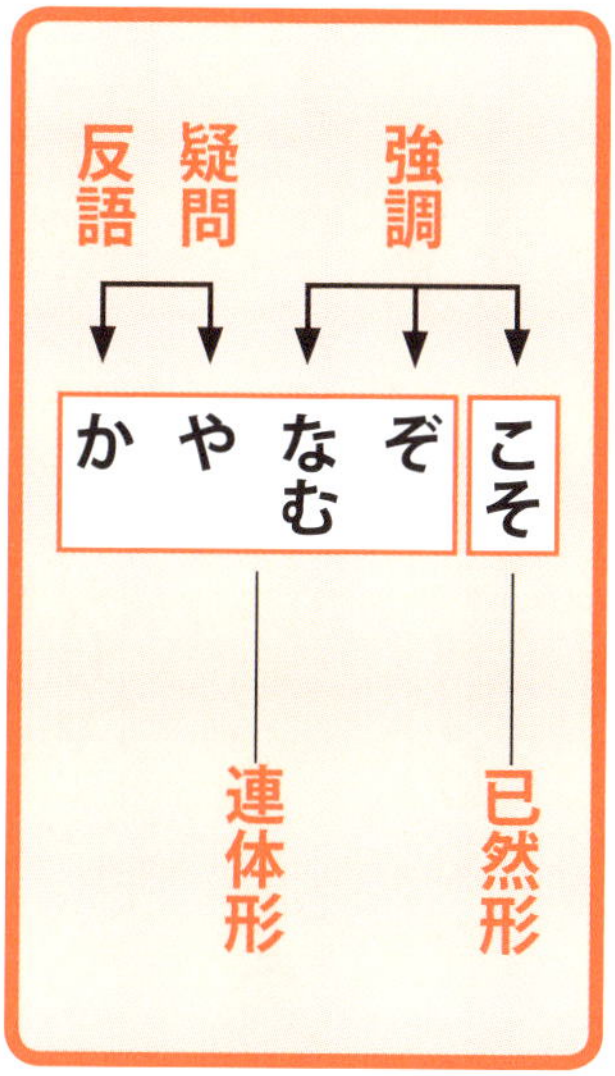

この表を暗記しているだけでは、係り結びは不十分です。強調って何なのか。疑問・反語って何なのか。今回は、もうちょっと深く、係り結びを掘り下げてみることにしましょう。

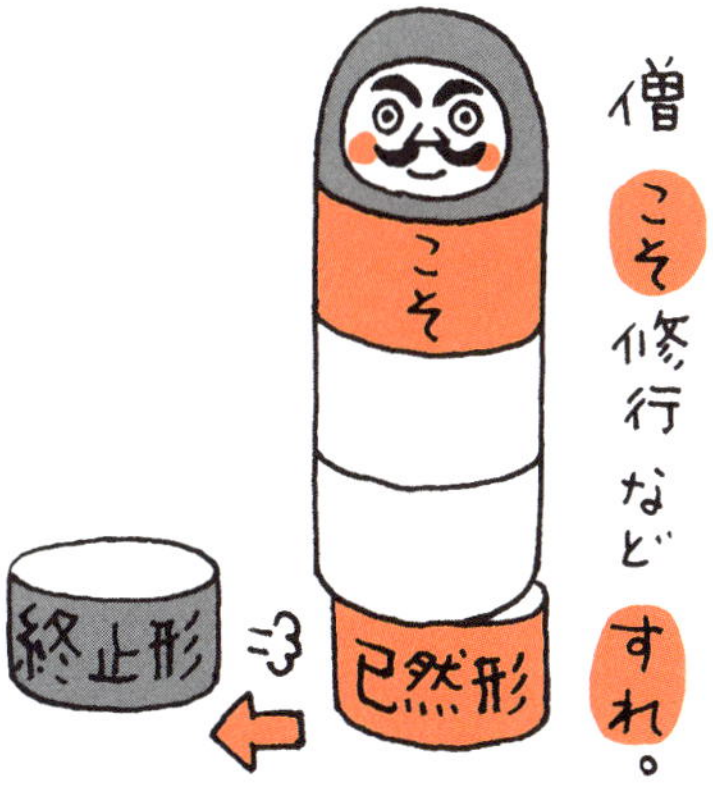

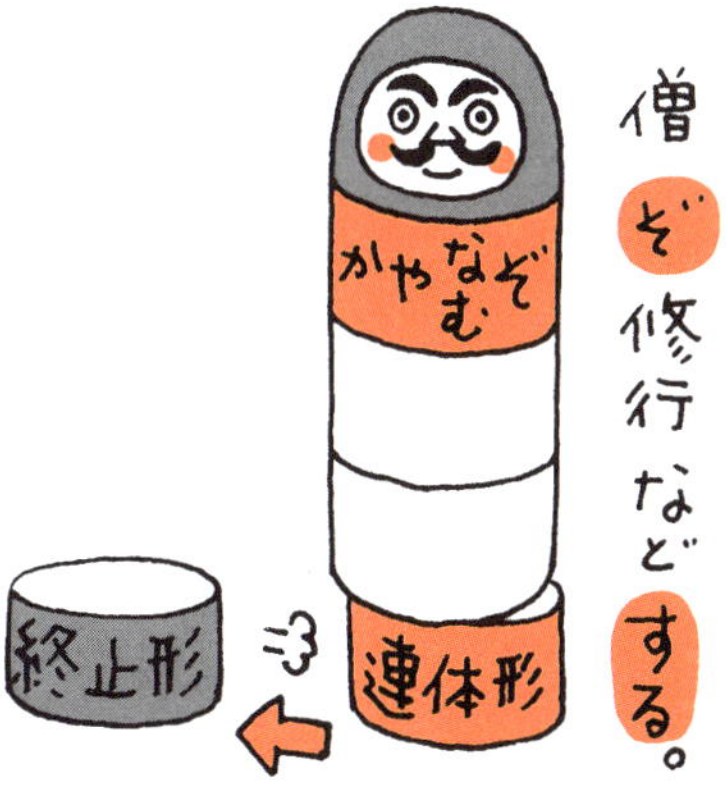

★強調

まずは「**強調**」から。「**こそ・ぞ・なむ**」**は、ある事がらを強調します**。現代語でもそうですよね。よくないたとえですが、みなさんが友達とけんかしたとします。そんなとき、「お前がバカだ。」と友達に言うより、「お前**こそ**バカだ。」って言った方が、表現が強くなっていると思いませんか?これが強調です。どちらも意味は変わりませんが「こそ」を入れた方がより表現が強調されているわけですね。古文でも同じです。

例題**1**は「雨こそ降りけれ。」ですが、これは「雨降りけり。」が強調された表現です。

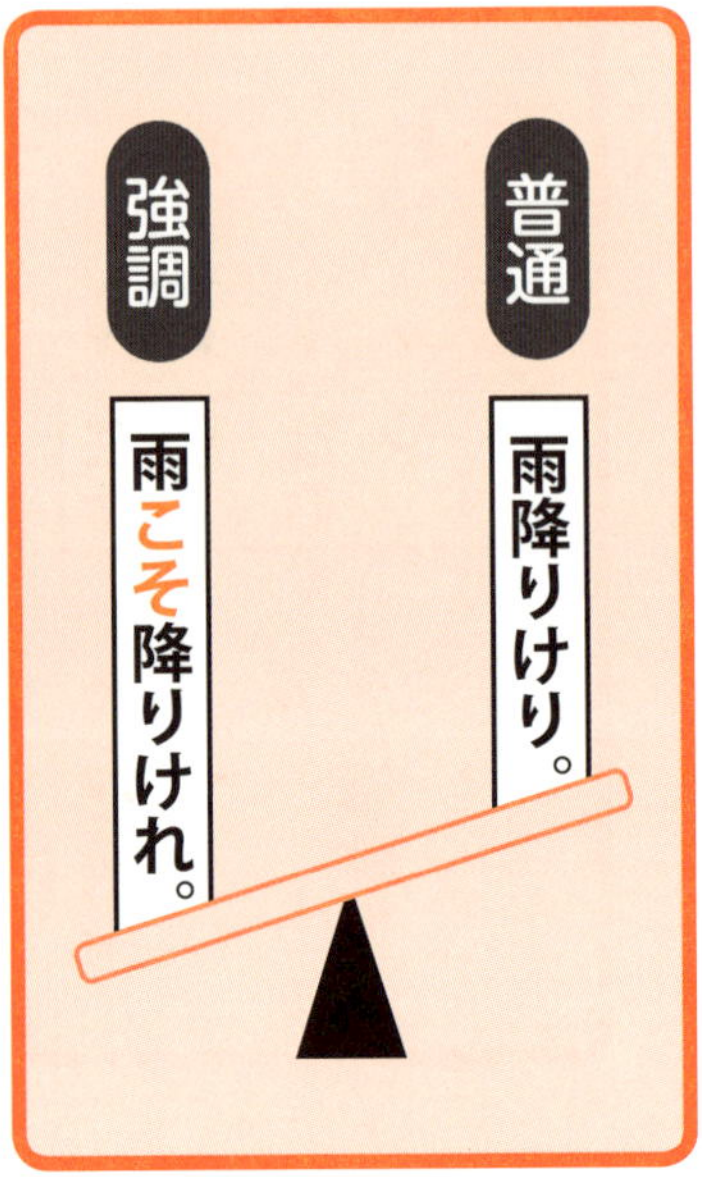

だから、訳はどちらも「雨が降った。」になります。強調だからといって、無理をして「雨こそが降った。」なんて訳さなくてもいいですよ。強調はみんな同じです。

「雨降りけり。」を、係り結びを使って強調すると、

（1）雨**こそ**降り**けれ**。
（2）雨**ぞ**降り**ける**。
（3）雨**なむ**降り**ける**。

になりますが、訳はどれも「雨が降った。」でOK！

だったらなんで三つの言い方があるの!?

まわりの受験生からよくそんなふうに聞かれますが、なるほど、もっともな質問ですね。

この三つの違いは、まず、**強調の度合い**です。

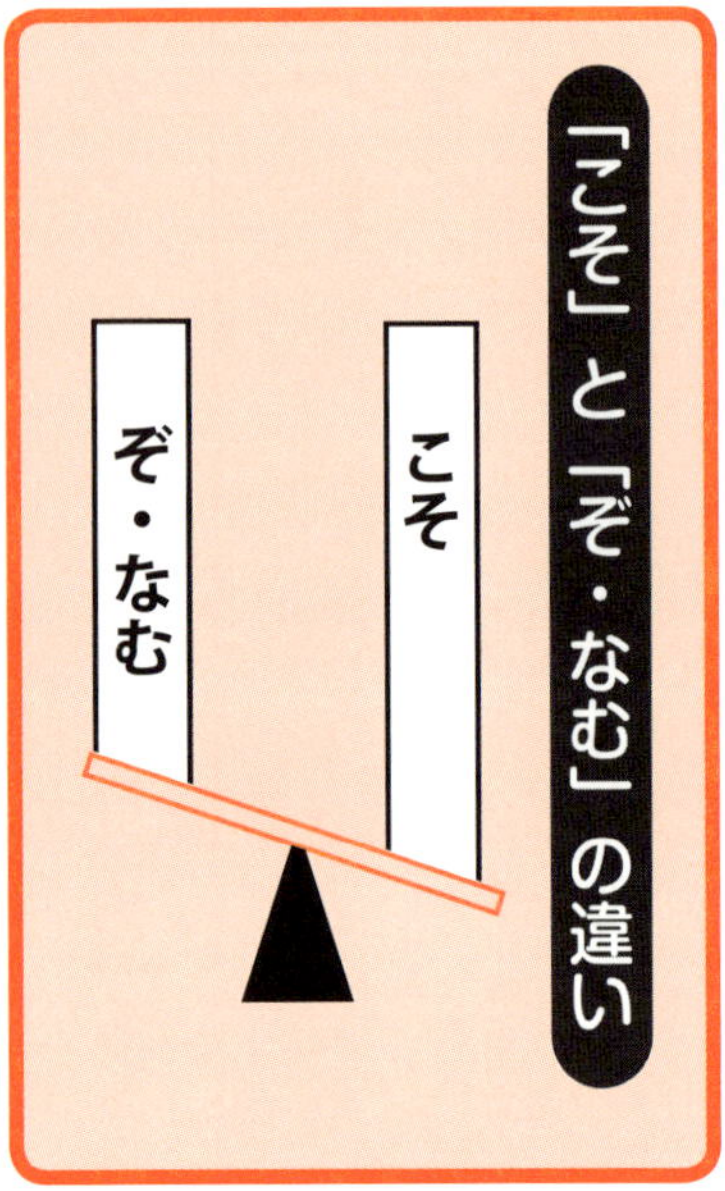

「こそ」がいちばん強力。「雨こそ降りけれ。」は、「雨ぞ降りける。」や「雨なむ降りける。」より、強調の度合いが大きいわけですね。何度もしつこいですが、だからといって、訳し方を変える必要はありませんよ。訳はどの文も「雨が降った。」です。

では、「ぞ」と「なむ」の違いはどうでしょうか。

これは、「わたくし」と「オレ」との違いに似ています。わかりますか?(笑)

「ぞ」と「なむ」の違い

ぞ…書きことば
なむ…話しことば

「ぞ」は書きことばで、かたい表現になります。みなさんの友達が「わたくしは感冒《かんぼう》に罹患《りかん》しているようだ」と言ったら、なんだかかたい感じがしますよね。

一方、「なむ」は話しことばで、少しくだけた表現になります。「オレ風邪ひいちゃったみたい」と言ったら、くだけた感じがしますね。

意味は同じですが、「ぞ」にはあらたまった感じ、「なむ」にはくだけた感じがあります。だから「なむ」は会話文でよく使われました。平安時代の人は、会話文では「なむ」を連発したんですね。

★疑問と反語

次に、「**疑問と反語**」を考えてみましょう。まずは**疑問**からです。

係り結びの疑問の構文は、現代語訳するとき、ちょっと注意が必要です。

古文は、現代語とは語順が違っているんですね。

現代語だと、たとえば、「何を言うか」というふうに、「か」は文末に来ます。ところが、古文は「や・か」が文中で使われる！

現代語の疑問は「か」しか使いません。「新聞読むや？」とはいいませんね。これは、「新聞読むか？」って言う。だから、古文で「や」が出てきても、「か」にして訳してください。要するに、「**『や・か』はどちらも『か』にして、文末に移して訳す**」これが原則です。

さて、例題２の場合は、問題文に、「１の『こそ』は強調、２の『や』は疑問を意味する」って書いてあるから疑問だとわかりましたが、もしそう書いてなかったら、**2**は疑問なんだか反語なんだかわかりませんよね。

疑問と反語。これはどうやって見分けるのでしょうか。

見分け方を勉強する前に、そもそも**反語**というのは何なのかを確認しておきましょう。反語っていうのは、**形は疑問文だけど、人に伝わる内容が打消表現であるもの**をいいます。

これって、意味わかりますか？

たとえば、みなさんが何かとんでもないいたずらをしたとします。

すると、みなさんのお母さんがこうおっしゃいました。

お母さんの発言は、形だけ見れば疑問文です。

でも、「いいえ、オレは高校生ですよ」なんて言ったら、お母さんの怒りが倍増しますね。お母さんがホントにみなさんに伝えたいのは、「あなたは小学生ではない！」ってことなんです。それを、「あなたは小学生ですか？」って疑問文の形で強調して、みなさんに伝えています。

反語というのは、こんなふうに、見た目は疑問文なんだけど、人に伝えたい内容がその打消であるものをいいます。「あなたは小学生ですか、いや、小学生ではありません！」と。
そこで、反語の訳し方は、

反語の訳し方

や・か **～か、いや、～ない。**
【例】雨や降らむ。
【訳】雨は降るだろうか、いや、雨は降らない。

というのが原則。

反語の正体がはっきりしたら、次は**疑問と反語の区別**です。疑問と反語は、見た目は同じ形をしています。これを区別するには、**文脈で判断する**しかありません。文脈で判断するときには、直前（場合によっては直後）に何が書かれているかをよく見ることです。たとえば、

1

空晴れたり。雨や降らむ。

【訳】空が晴れている。雨は降るだろうか、いや、雨は降らない。

直前に「空が晴れている。」と書いてあります。空が晴れているのなら、雨なんか降るはずがない！　こんな場合は**反語**にします。

2

雲出《い》で来《き》ぬ。雨や降らむ。

【訳】雲が出て来た。雨は降るだろうか。

この場合は**疑問**です。前に「雲が出て来た。」と書いてあるでしょう？　雲が出て来たのなら、雨が降る可能性がありますね。

「や・か」の係り結びは、こんなふうに、前後を見て決める方法しかありません。ただし、反語になりやすい形というのがあるので、次のような場合には注意しておいた方がいいですよ。

反語になりやすい形

やは　【例】雨やは降る。
　　　　【訳】雨は降るか、いや、雨は降らない。

かは　【例】誰かは知る。
　　　　【訳】誰が知るか、いや、誰も知らない。

「や・か」の場合は、疑問もあれば反語もあるのでどっちかわかりませんが、「や・か」の真下に「は」がくっついて**「やは・かは」になると、圧倒的に反語で使われることが多くなります**。会話文中では疑問で使われていることもあるけど、会話文以外ではほとんどが反語！「やは・かは」を見たら、まず反語から訳してみるといいですね。

210ページの解答
1 雨が降った。
2 雨は降るだろうか。

★係助詞のおさらい

強調 → こそ・ぞ・なむ
疑問・反語 → や・か

こそ ― 已然形
ぞ・なむ・や・か ― 連体形

訳し方

① **強調**　「こそ・ぞ・なむ」は訳さなくてもよい。
【例】雨**こそ**降り**けれ**。　【訳】雨が降った。
雨**ぞ**降り**ける**。　雨が降った。
雨**なむ**降り**ける**。　雨が降った。

② **疑問**　「や・か」はどちらも文末に移して「か」と訳す。
【例】花を**や**見**る**。　【訳】花を見る**か**。
何を**か**見**る**。　何を見る**か**。

③ **反語**　〈～か、いや、～ない。〉
【例】雨**や**降ら**む**。　【訳】雨は降るだろう**か**、**いや**、雨は降ら**ない**。

注意点

注意1　**疑問**か**反語**かは文脈判断。
注意2　「**やは・かは**」の場合は**反語**が多い。

5 副助詞

今回は「**副助詞**」を勉強します。副助詞を教科書的に説明すると、「**文に意味をそえ、副詞のように下の用言にかかっていく助詞**」、ということになります。…難しいですね。

この説明だけで、どんな助詞なのか理解できたら三〇〇年に一人の天才です。こんなのはわからなくて普通！　みなさんとしては、副助詞は古文を読んでいると頻繁に出てくる助詞で、「**訳し方に気をつけないといけないことば**」と理解しておいてくださったら十分ですよ。

次の各文を現代語訳しましょう。

❶ 花だに見む。
❷ 水だに飲まず。

副助詞にもいろいろありますが、この章では重要な二つの副助詞「だに」と「さへ」をおさえておきましょう。まずは、古文にいちばんよく出てきて、入試問題にも頻出する「だに」です。「だに」

には二つの訳し方があります。一つは「**限定**」〈**せめて〜だけでも**〉で、もう一つは「**類推**」〈**さえ・でさえ**〉です。

★「だに」①限定〈せめて〜だけでも〉と②類推〈さえ・でさえ〉

「だに」には意味が二つあるので、どんなときに**限定**でどんなときに**類推**になるか、きちんと見分けられないといけません。現代語訳してから決めてもいいんですが、もし現代語訳自体をまちがえたら大変！　だから次のような形を覚えておくと便利です。

限定の「だに」は、うしろに「**命令形**・**願望の終助詞**・**意志の助動詞**・**仮定の形**」のどれかが来ます。このうちのどれかがうしろにあれば、「だに」は限定です。

① 限定〈せめて〜だけでも〉

だに　**命令・願望・意志・仮定**

次の例文を見てください。

1

時鳥《ほととぎす》だに**鳴け**。

【訳】**せめて**時鳥**だけでも**鳴け。

「時鳥だに鳴け」の「鳴け」は**命令形**ですね。**「だに」のうしろに「命令」が来ているから、この「だに」は限定です**。他はいいから、「せめて時鳥だけでも鳴け。」と、時鳥に限定して鳴けといっているわけですね。

2

月だに**見ばや**。

【訳】**せめて**月**だけでも**見たい。

この「月だに見ばや」の「ばや」は次の章で勉強する**願望の終助詞**（236ページ）で、〈〜たい〉と現代語訳します。これも、**「だに」のうしろに「願望」が来ているから、この「だに」も限定です**。他のものはいいから、「せめて月だけでも見たい。」と、月に限定しています。

実践編

助詞

3

花だに見む。

【訳】せめて花だけでも見よう。

これはうしろに意志の助動詞「む」(118ページ)が来ていますね。**「だに」のうしろに「意志」が来ているから、この「だに」も限定です**。「せめて花だけでも見よう。」と、花に限定しています。

4

風だに止《や》まば…。

【訳】せめて風だけでも止んだならば…。

これはうしろに「止まば」があります。「止ま」が未然形で、「ば」は前にやった接続助詞。「未然形＋ば」は仮定条件でした(204ページ)。**「だに」のうしろに「仮定」が来ているから、この「だに」も限定です**。「せめて風だけでも止んだならば…。」と、風に限定しています。

「限定」という文法用語は、学校によっては「**最小限の限定**」と教えるところもあります。たとえば、「ああ、のどがかわいた！　**せめて水だけでも**飲ませてほしい」と言った場合…。これは水に限定しているわけですけど、なんだか遠慮していますよね。

子どもの場合は、ジュースが飲みたいとは言わずに、「**せめて水だけでも**」。

大人の場合は、ビールが飲みたいとは言わずに、「**せめて水だけでも**」。

最小限のものに限定しているでしょう？　だから、「最小限の限定」ということもあるんですね。

次に**類推**の「だに」。「だに―命令・願望・意志・仮定」の形をとっていなければ、「だに」は類推だと考えてください。これにもお決まりの構文があります。

② 類推〈さえ・でさえ〉

A ―― **だに** ―― ア ――。

B ――（まして）―― イ ――。

【例】

水 **だに** 飲まず。

（まして） ものは 食はず。

省略されることが多い！

「類推」というのは、「軽いものをとりあげて、重いものを類推させる」という意味です。たとえば、みなさんが中学生の弟さんに、

と言った場合、弟さんはそのあとを聞かなくても、

「**まして中学生ならそんないたずらは絶対してはいけない！**」って類推できるでしょうね。

今言った例を、類推の構文にあてはめてみてください。

Aには**B**にくらべて軽いものが来ます。**B**には重いものが入る。今言った例の場合、**A**には「小学生」、**B**には「中学生」が来ていますね。

一方、**ア**と**イ**には似たような内容が書かれます。今の例でいうと、**ア**は「いたずらはしないぞ」、**イ**は「いたずらは絶対してはいけない」。さらに、**A**と**B**のあいだには、「**まして**」ということばがよく使われます。「小学生でさえそんないたずらはしないぞ。**まして**、中学生ならそんないたずらは絶対してはいけない。」というふうに。

類推の構文は、「まして」以下を省略することがよくあります。書かなくてもわかりますからね。

「水だに飲まず」

「水さえ飲んでいない」といえば、当然ごはんは食べていないんだろうって類推できます。だから、「まして、ものは食はず」は、書かれていないことが多いんです。

書かれていないときは、みなさんが自分で類推してくださいね。

ちょっと練習してみましょうか？

傍線部「だに」によって類推されるのはどんなことか、現代語で答えましょう。

さびしき村なれば、犬<u>だに</u>鳴かず。

簡単ですね！　どこだか知らないけど、ここはさびしい村…。だから、「犬**さえ**鳴いていない」。「まして、猫は…」なんてダメですよ！　「犬」と「猫」では、軽いものと重いものにならないでしょう？

ここで類推されるのはやっぱり「**人間**」ですね。答えは「**まして、人の声はまったく聞こえない。**」となります。さびしい村ですからね、「犬」もいなければ、「人」もいないんです。で、犬の鳴き声も聞こえないけれど、人の話し声も聞こえない。

類推の「だに」を見たら、こんなふうに、**何が軽いもので何が重いものか、類推してくださいね。**

★「さへ」添加〈までも〉

副助詞はもうひとつ、「さへ」というのをチェックしておきましょう。これも簡単ですよ。「さへ」の語源は「添《そ》へ」です。「添へ」→「さへ」って変化してできたと言われています。「さへ」の役割は、「添へ」という語源に戻して考えてみるとわかりやすいですね。

A ――――、
B ―― **さへ** ――。

【例】
雨降り（A）、
風 **さへ** 吹く（B）。

「さへ」は「添へ」ですから、**A**の上に**B**を「**添《そ》える**（**添加する**）」という意味なんです。

「雨降り、風**さへ**吹く」といえば、「雨が降っている」ことの上に、「風が吹いている」ことを「**添え**（**添加し**）」ているわけですね。それで、「**雨が降り、風までも吹く。**」と訳します。

添加というのは単純明快で、これだけのことなんです。くれぐれも「さへ」をそのまま「さえ」と訳すことのないように、しっかり記憶しておいてくださいね。

222ページの解答

❶ せめて花だけでも見よう。
❷ 水さえ飲んでいない。

★副助詞「だに」「さへ」のおさらい

だに

① **限定**〈せめて〜だけでも〉
「だに――命令・願望・意志・仮定」の形をとる。

② **類推**〈さえ・でさえ〉
軽いものをとりあげて、重いものを類推させる。

さへ

添加〈までも〉

―A―、―B― さへ ―。
Aの上に、Bを添える。

注意点

注意1 「だに」は訳語が二つあるので、どんなときに限定でどんなときに類推になるかを区別するのが大切。**「だに」の後に「命令・願望・意志・仮定」のどれかが来たら限定、来なければ類推。**

注意2 類推の「だに」は、後に「まして」が呼応して、下図のような形をとることが多い。

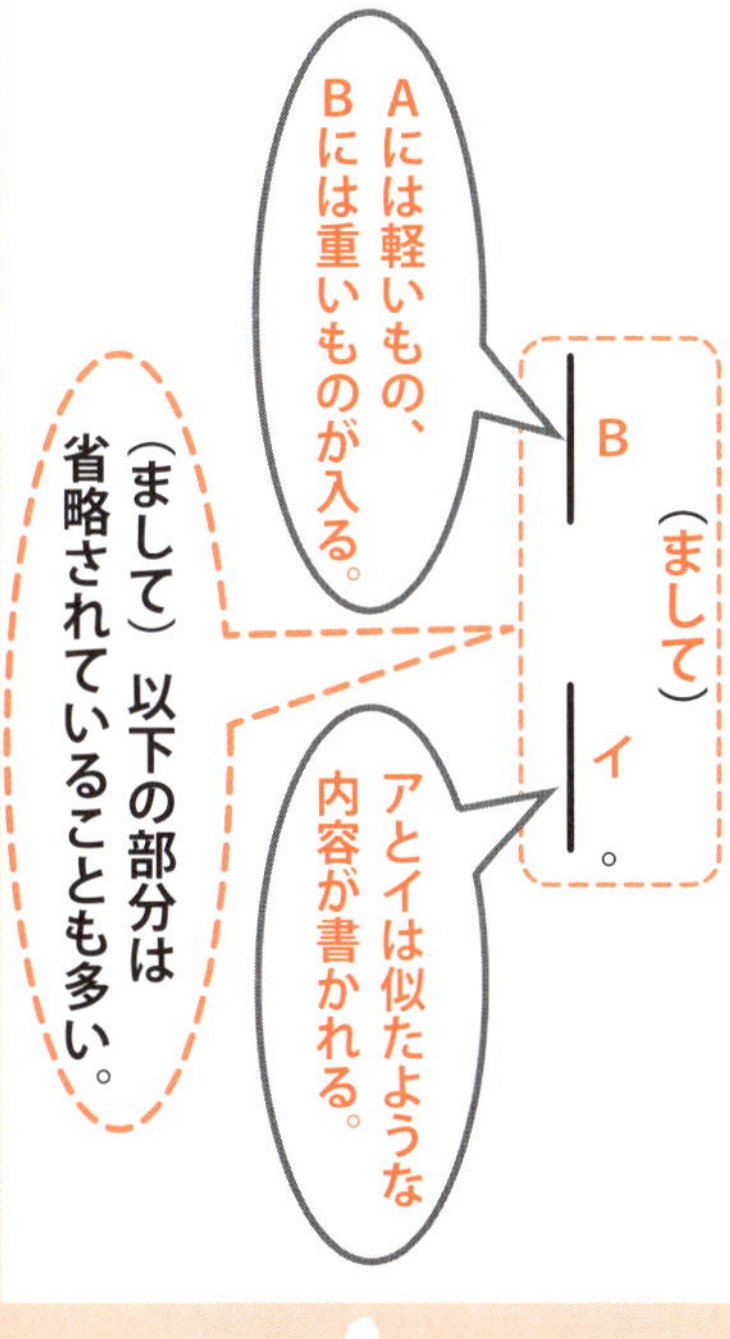

―A― だに ―ア―。
（まして） ―B― ―イ―。
Aには軽いもの、Bには重いものが入る。
アとイは似たような内容が書かれる。
（まして）以下の部分は省略されていることも多い。

6 終助詞

次に「**終助詞**」を勉強しましょう。

次の各文を現代語訳しましょう。

1 大和に行かばや。

2 花咲かなむ。

終助詞というのは、文の終わりについて、文にいろいろな意味を添えるもの。現代語でいえば、「**バカなことをするな！**」の「な」などがこれに当たります。文の終わりについて、文に禁止の意味を添えているでしょう？　だから「な」は禁止の終助詞。

このように、終助詞はどんな意味をもつのか知っておくことが大切です。

いろいろな終助詞がありますが、絶対に必要なのが、「**念押し・詠嘆・願望**」の三つ。まず**念押し**の終助詞から確認しますね。

★1 念押しの終助詞

――かし。　〜よ　〜ね
【例】はや行けかし。
【訳】はやく行けよ。

念押しっていうのは、ことばのとおり相手に念を押すんです。みなさんに向かって、

「君たちは学生だ。」

と言えば、これで十分意味はわかるでしょう？　なのに、さらに念を押して、

「君たちは学生だ**ね**。」

って言うんですね。逆に、

「ぼくは教師だ。」

と言えば、これもやっぱり意味はわかるよね。でも、さらに念を押して、

「ぼくは教師だ**よ**。」

って言うんです。これが念押し。右の例の「はや行けかし。」っていうのは、「はやく行け。」に念を押して「はやく行け**よ**。」になっています。

訳は〈〜よ〉でも〈〜ね〉でもいいんですよ。しっくりくる方を選んでくださいね。

★2 詠嘆の終助詞

奈良時代 ── かも。 ～だなあ ～ことだ

【例】高き山かも。

【訳】高い山だなあ。

平安時代以降 ── かな。 ～だなあ ～ことだ

【例】恐ろしき暗さかな。

【訳】恐ろしい暗さだなあ。

次に、**詠嘆**の終助詞。詠嘆ということばは、助動詞の「けり」にも登場しましたね（忘れた人は76ページへ！）。「高き山**かも**。」は、山が高いことに感動しているんですね。「恐ろしき暗さ**かな**。」は、恐ろしくなるほど暗いことに驚いています。

「かも」は奈良時代に使われました。学校の教科書の中でいえば、『**万葉集**』。あの中には、「かも」がいっぱい出てきます。「かも」は、「**か**」で使ったり、「**も**」で使ったりすることもありますが、はじめのうちは、やっぱり「かも」という形をしっかり覚えておいてください。

「かな」は、平安時代以降に使われた詠嘆の終助詞です。

平安時代以降にも、和歌の中では「かも」が出てくることがありますが、「かも」を使うと何だか古めかしい感じがしました。現代でも、あえて古めかしいことばを使って、表現のおもしろさをねらうことがありますね。「驚くなかれ」とか、「やぶさかでない」とか…。平安時代以後に「かも」を使うと、そんな古めかしい感じがしました。

「かな」は「**な**」だけで使われることもあります。「失せにけり**な**。」といえば、「いなくなってしまった**なあ**。」という意味です。でもこれは現代語と同じ。今でも言うでしょう? 「このケーキおいしい**な**。」とか、「きれいだ**な**。」とかって…。この「な」が詠嘆です。現代でも使うので、古文に出てきても、特にとまどうことはないと思います。

そうそう、念押しの「かし」と、詠嘆の「かな」を混同する人が多いので、注意してくださいね。似てるから無理もない気がするけど…。しっかりと覚えておいてください。

では最後に、願望の終助詞。

★3 願望の終助詞

願望の終助詞をマスターするときは、頭のなかに箱を**A**・**B**・**C**と三つ作ってください。

A 自己の願望

未然形 ┃ **ばや**。

連用形 ┃ **てしがな**
　　　　　　にしがな。

〜たい

【例】大和に行か**ばや**。
【訳】大和（奈良）に行き**たい**。

【例】姫を得**てしが**な。
【訳】姫を手に入れ**たい**。

Aの箱の中は、「**ばや**」と「**てしがな・にしがな**」です。これは、自分の願望。〈〜たい〉ですから、いちばん願望らしい願望ですね。

「ばや」は未然形につく、というのを忘れないこと。「てしがな・にしがな」は「**てしが・にしが**」の形で使うこともあります。「な」がとれても意味は同じです。

B 他者への願望（あつらえの終助詞）

未然形＋**なむ**。　～てほしい

【例】花咲かなむ。
【訳】花が咲いて**ほしい**。

Bの箱の中は、他者への願望の「**なむ**」です。他者への願望っていうのは、（自分ではない）他者に対して何かを望むこと。

「ボクは甲子園に行き**たい**。」っていうのが、「**ばや**」。

「ボクの友達には国立競技場に行って**ほしい**。」っていうのが「**なむ**」です。

他者への願望をあらわす「なむ」は、「**あつらえの終助詞**」と呼ばれることもあります。「あつらえ」ってことば、わかりますか？　よく「おあつらえ向き」って言いますよね。昔はオーダー・メードのことを、「服をあつらえる」って言いました。こんな色で、こんなデザインの服を作って**ほしい**。

そんなふうに服をオーダーすることを「あつらえる」って言ったんです。だから、まるでオーダーして作ったみたいに、みなさんにぴったりの服のことを、「おあつらえ向き」って言うんですね。

他者への願望をあらわす「なむ」は、〈～てほしい〉と訳すでしょう？　だから「なむ」は「**あつらえの終助詞**」とも言うんです。

他者への願望をあらわす「なむ」は**未然形**につきます。これは、めちゃくちゃ大事！　願望の「なむ」が未然形につくということを忘れてしまうと、係助詞の「**なむ**」（211ページ）などと区別がつかなくなります。だから絶対忘れないこと！

C 状態の願望

名詞 → ～があればなあ / ～がいればなあ

名詞以外 → ～であればなあ

もがな。

【例】心通ふ人もがな。

【訳】心の通じる人**がいればなあ**。

【例】静かにもがな。

【訳】静か**であればなあ**。

Cの箱の中は、状態の願望の終助詞「**もがな**」です。「もがな」は、「**もが**」「**がな**」の形で使うこともありますが意味は変わりません。

名詞につくと、その名詞が〈～があればなあ・～がいればなあ〉という意味をあらわします。「夢もがな。」だと「夢**があればなあ**。」となり「人もがな。」だと「人**がいればなあ**。」となります。

「もがな」が名詞以外のことばにくっついたときは、その名詞以外のことばが示す状態〈～であればなあ〉と訳します。「静かにもがな」の場合、「静かに」は形容動詞「静かなり」の連用形。だから、「静かにもがな。」で、「静かであればなあ。」という意味になります。

232ページの解答

❶ 大和（奈良）に行きたい。

❷ 花が咲いてほしい。

★終助詞のおさらい

1 念押し

かし。〈～よ〉〈～ね〉

2 詠嘆

かも。かな。〈～だなあ〉〈～ことだ〉

注意点

「かも」は奈良時代、「かな」は平安時代以降によく使った（ただし、平安時代以降も和歌の中などでは「かも」を使うことがある）。

3 願望

A 自己の願望

未然形 ばや。

連用形 てしがな。にしがな。〈～たい〉

B 他者への願望（あつらえの終助詞）

未然形 なむ。〈～てほしい〉

C 状態の願望

名詞／名詞以外 もがな。〈～があればなあ〉〈～がいればなあ〉〈～であればなあ〉

注意点

注意1 「**てしがな**」「**にしがな**」は、「**てしが**」「**にしが**」の形で使うこともある。意味は変わらない。

注意2 「**もがな**」は、「**もが**」「**がな**」の形で使うこともある。意味は変わらない。

7 間投助詞

最後に、**間投助詞**について。

この助詞は、分類が先生によって違うので、あまりしつこい問題は出ません。

とりあえず、「**や・よ・を・こそ**」の四つが間投助詞だと覚えておきましょう。

「**や！　よーこそ**」とゴロを合わせて。

「よ」や「こそ」は間投助詞に入れない先生、「し」を間投助詞にする先生などさまざまですが、入試問題を解く上ではどうでもいいことです。

このうち「や」と「こそ」がたまに入試に出ますから気をつけてください。

★1 や

間投助詞「や」の意味は「詠嘆」です。「なあ」とか「よ」と訳します。

や　詠嘆　～なあ・～よ
【例】「をかしの春雨や」とあはれがりけり。
【訳】「趣のある春雨だなあ」といってしみじみ感動した。

入試で重要なのは、係助詞「や」との区別です。
「や」を**「～か？」と訳せたら係助詞、訳せなければ間投助詞**と考えましょう。

①【例】「父母ありや」と問ひ給ふ。
【訳】「両親はいる**か？**」と尋ねなさる。→○…**係助詞**

②【例】「おもしろの漢詩《からうた》や」と賞《め》で給ふ。
【訳】「おもしろい漢詩か？」といって賞賛なさる。→×…**間投助詞**

①は「両親はいるか？」と訳しても不自然ではないので、**疑問の係助詞**。
②は「『おもしろい漢詩か？』といって賞賛なさる」ではおかしいので、**間投助詞**。
間投助詞なら、もちろん意味は**詠嘆**になります。
正しい訳し方は、「『おもしろい漢詩だ**なあ**』といって賞賛なさる」。

★2 こそ

間投助詞「こそ」の意味は「**呼びかけ**」。「～さんよ」と訳します。

人名など――**こそ**　**呼びかけ**　～さんよ

これも係助詞「こそ」との区別が重要です。間投助詞は、次の二点がポイント。

① **会話文で使われる**
② **人名などにつく**

【例】「北殿《きたどの》こそ、聞き給ふや」【訳】「北隣さんよ、聞いていらっしゃいますか。」

この文は、みなさんが学校で習う『源氏物語』の「夕顔」巻に出てきます。あまり豊かではないおじさんが、「今年は不景気で困る」と不平をいったあと、北隣の住民に向かって大きな声で呼びかけます。

「おおい、北隣さんよ、わしの話をちゃんと聞いてくれておるか?!」

この「こそ」が、①会話文で使われ、②「北殿」という人名についていることに注意してくださ い。こんな場合、みなさんは強引に「~さんよ」と訳してみましょう。それで不自然でなければ、「こそ」は係助詞ではなく間投助詞だと考えます。

★間投助詞「や」「こそ」のおさらい

や

「――や」**詠嘆**〈~なあ・~よ〉

注意点

「~か?」と訳せたら係助詞。それが無理なら間投助詞。

こそ

「――こそ」**呼びかけ**〈~さんよ〉

注意点

注意1 会話文で使われる。

注意2 人名などにつく。

敬語について

今回は「**敬語**」を勉強しましょう。**敬語というのは、誰かが誰かをうやまうことば。**いろいろと難しいことはありますが、敬語はとりあえず、

1　敬語を見て敬語だとわかること。
2　敬語の訳し方がわかること。
3　尊敬語・謙譲語・丁寧語の区別がつくこと。

という、三点が基本になります。まずはここからはじめてくださいね。

たとえば、「かぐや姫、いといたく泣き給ふ」という場合、

1　「**給ふ**」が敬語、
2　「泣き給ふ」で〈(かぐや姫はたいそうひどく)**お泣きになる**〉と訳し、
3　「給ふ」は**尊敬語**です。

この三点がはっきりしないと何もはじまりません。尊敬語・謙譲語・丁寧語の違いについては、のちほど勉強しますから、しばらくは保留にしておいてくださいね。

実践編

敬語

★敬語の本動詞と補助動詞

次の各文を傍線部の敬語に注意して訳しましょう。

1 牛若丸、笛吹き給ふ。

2 若君、姫君に文書き奉る。

3 うれしと思ひ侍り。

敬語動詞には、「**本動詞**」と「**補助動詞**」があります。この区別はついていますか？

まずは現代語で考えてみましょう。

みなさんの友達が、みなさんに何か言ったとします。それは、

友達が**言う**。

でいいですね。でも、友達ではなく先輩の場合には、目上の人ですから、敬語を使います。

先輩が**おっしゃる**。

「言う→おっしゃる」のように、別のことばになるのが敬語の**本動詞**です。

でも、もし関西の人なら、「おっしゃる」とはあまり言いません。関西の場合は、こう…。

先輩が**言いはる**。

テレビとかで聞いたことがあるでしょう⁉　関西の人の日常会話では、「言う→おっしゃる」じゃなくて、「言う→言いはる」って言うのが普通。この「～はる」っていうのは便利なことばで、これさえくっつけたら、どんなことばでもすぐに敬語になっちゃいます。ほら、「**書きはる**」「**飲みはる**」「**行きはる**」…。

便利でしょう?　外国の人が日本に留学した場合、関西だとすぐに敬語がマスターできるのは、この「～はる」があるから。「**動詞＋はる**」は尊敬語になる、って覚えておけば、マジックテープみたいにくっつけるだけで、全部敬語になってしまいますよね。この「はる」のような役割を果たす動詞を**補助動詞**と呼んでいます。

敬語動詞

動詞
- → **本動詞**　**別のことばになる！**
- → 動詞＋**補助動詞**　**くっつけるだけ！**

古文でも同じですよ。次に古文の例をあげてみましょう。

言ふ
→ **のたまふ**　**本動詞**
→ 言ひ＋**給ふ**　**補助動詞**

「言ふ」という動詞の場合、本動詞の「のたまふ」という形と、補助動詞をくっつけるだけの「言ひ給ふ」という形があります。敬語を勉強するとき、どちらを先に覚えたら要領がいいと思いますか⁇　…もちろん補助動詞ですね。だって、「〜給ふ」を一つ覚えたら、「言ひ給ふ」も「書き給ふ」も「飲み給ふ」も、みんな同じことなんですから。

本動詞はやっかいですね。「のたまふ」は「言ふ」の尊敬語、と覚えても、それ一個では話になりません。「御覧ず」は「見る」の尊敬語、「大殿《おほとの》ごもる」は「寝《ぬ》」の尊敬語…って、いっぱい覚えないといけない！

敬語にする動詞の数だけ、本動詞は一個一個覚えていかないといけないんです。だからこれは、時間をかけてゆっくり覚えてください。

そのかわり、補助動詞は先に整理しておいた方が絶対お得です。

尊敬の補助動詞

動詞 ＋ **給《たま》ふ**
おはす
おはします

〈**お～になる・～なさる**〉と訳します。
いちばんよく使うのは「～給ふ」。「～おはす」や「～おはします」が出てくることもあります。他にもありますが、初歩のうちはこの三つを覚えておけば大丈夫です。

謙譲の補助動詞

動詞 ＋ **奉《たてまつ》る**
聞《き》こゆ
申《まう》す
参《まゐ》らす

〈**お～申しあげる・～てさしあげる**〉と訳します。「お」をとって、〈**～申しあげる**〉でもかまいません。
平安時代は「～奉る」と「～聞こゆ」が、鎌倉時代以降は「～参らす」がよく使われました。「～申す」は平安時代に使われましたが、男性的でかたい感じのことばなので、みなさんが目にする古文にはあまり出てきません。

丁寧の補助動詞

動詞 ＋ **侍《はべ》り**
候《さぶら》《さうら》ふ

〈**~です・~ます・~ございます**〉と訳します。

「~侍り」は「**はべり**」としか読みませんが、「候ふ」は「**さぶらふ**」という読み方と、「**さうらふ**」という読み方があります。平安時代は「**さぶらふ**」、鎌倉時代以降は「**さうらふ**」と読むのが普通です。

では、右の表を見ながら、例題をもう一度見てください。

❶ 牛若丸、笛吹き給ふ。
❷ 若君、姫君に文書き奉る。
❸ うれしと思ひ侍り。

❶は「吹く」という動詞の下に、**尊敬の補助動詞**がくっついていますね。ですから、現代語訳は「**お吹きになる**」あるいは「**吹きなさる**」。

❷は「書く」という動詞の下に、**謙譲の補助動詞**がくっついています。これは「**お書き申しあげる**」あるいは「**書いてさしあげる**」。

❸は「思ふ」という動詞の下に、**丁寧の補助動詞**がくっついています。ですから「**思います**」あるいは「**思うのです**」「**思うのでございます**」と訳してもいいですよ。

補助動詞を覚えたら、敬語の本動詞はこれから少しずつ覚えていくことにしましょう。主要な本動詞一覧を262・263ページにまとめておきましたので、参考にしてくださいね。

245ページの解答

❶ 牛若丸が、笛をお吹きになる。
❷ 若君が、姫君に手紙をお書き申しあげる。
❸ うれしいと思います。

★誰から誰へのどんな敬語か

さて、くどいですが、敬語というのは、誰かが誰かをうやまうことば。だから、「この敬語は誰から誰への敬意をあらわしたものか」という問題がよく出ます。国公立大も私大もそうです。ですから、ここでやることはとても重要。みなさん、きちんとマスターしておいてくださいね。

誰からの敬語？

まず「誰から」の方から整理していきましょう。ある敬語が**誰から発信されているか、**ということを、難しくいえば「**敬意の主体**」っていいます。

敬意の主体（＝誰からの敬語か）

地の文 ⬇ 筆者から

会話文 ⬇ 話し手から

地の文というのは、古文の文章で「　」《かっこ》のついていないところと考えてください。「　」《かっこ》がついているところは**会話文**です。地の文に敬語が出ると、その敬語は筆者が発信していることになります。これ、当たり前ですよね。ちょっと今から、ぼくが筆者になって小説を書いてみます。小説『旺文社の夜明け』です。

「アイスが食べたい！」と、吉岡さんが**おっしゃった**。

この「おっしゃった」は「吉岡さん」を高める敬語です。では、誰が「吉岡さん」を高めているのでしょうか。みなさん、わかりますか？　…そう、筆者のぼくですね。

ぼくが書いた小説ですから、敬語を「吉岡さん」に向かって発信しているのは、ぼく以外の誰でもありません。だから、地の文の敬意は、「筆者から」発信されていることになります。

ちょっと次の例題を考えてみてください。

傍線部は誰からの敬語でしょうか。

❶ 関白殿、文書き給ふ。

❷ 童が僧正《そうじょう》に「あはれなること侍り」と言ふ。

「誰から」の敬語かを考えるときは、傍線部が尊敬語であろうが、謙譲語であろうが、丁寧語で

あろうが、そんなことは関係ありません。傍線部が地の文か、会話文か、ということだけが大切です。**地の文なら「筆者から」、会話文なら「話し手から」**の敬語になります。

1

関白殿、文書き給ふ。

【訳】関白殿が、手紙をお書きになる。

1の「給ふ」は地の文にありますね。**地の文の敬語は、「筆者から」**。だから1は「筆者から」が正解になります。

2

童が僧正に「あはれなること侍り」と言ふ。

【訳】子どもが僧正に「しみじみ感動することがあります」と言う。

2の「侍り」は会話文中にあります。**会話文中の敬語は「話し手から」**になりますね。だから2は「話し手から」の敬語。でも、解答を「話し手から」とすると不正解です。なぜでしょうか？

会話文中の話し手は誰か？

会話文の場合は、「話し手」が誰かを特定しないといけません。❷をもう一度見てみましょう。

❷ 童が僧正に「あはれなること侍り」と言ふ。

この「」《かっこ》は誰が話している会話文か。　…童ですね。

童が僧正に話をしています。会話文中の場合は、こんなふうに、誰が話しているのかを自分で割り出して、「その人から」と答えないといけません。だから、❷の正解は「童から」になります。

だったら、❶の「筆者から」だって誰が書いているのかを特定しないと、正解にならないんじゃないの？

そう思った人がいるかもしれません。…そのとおりなんです。でも、「筆者から」の方は、誰が筆者なのかを特定して、「その人から」って答えなくてもいいことになっています。なぜか!?

それは、古文の文章は「筆者不明」が多いからなんです。

筆者不明の作品の場合、「その人」と特定して答えさせたら、学校の先生が困るでしょう？　だから、地の文は、漠然《ばくぜん》と「筆者から」でいいということになっています。252ページの例題の文は、みなさんにわかりやすいようにぼくが書きました。なので、もし❶で筆者を特定して答えさせるなら、「望月から」っていうことになりますけれど、それはやらなくていいんですね。

252ページの解答　❶筆者から　❷童から

誰への敬語？

では次。「誰へ」の敬語かです。傍線部の敬語が誰への敬語か、誰を高めているのかはっきりさせることを、「**敬意の対象**」をはっきりさせるといいます。「敬意の対象」は、使われている敬語が、尊敬語か、謙譲語か、丁寧語かによって、答えが変わってきます。

敬意の対象（＝誰への敬語か）

①**尊敬語**　**動作をする人（主体）を高める。**
②**謙譲語**　**動作を受ける人（客体）を高める。**
③**丁寧語**　**会話文では話の聞き手・地の文では読者を高める。**

これだけでは、なんのことだかわからないでしょう？　ちょっと具体的にしてみましょう。たとえばここに、

若君、姫君に文を書く。

っていう文があったとします。で、この文に敬語をつけ加える場合、三通り考えられます。

尊敬語

若君、姫君に文を書き給ふ。

尊敬語は「**動作をする人**（**主体**）」を高めるんでしたね。この文の主体は「若君」です。だから、この「給ふ」は「若君」を高めています。

謙譲語

若君、姫君に文を書き奉る。

謙譲語は「**動作を受ける人**（**客体**）」を高めます。この文の客体は「姫君」でしょう？　だから、この「奉る」は「姫君」を高めています。

丁寧語

若君、姫君に文を書き侍り。

丁寧語は、会話文なら「**聞き手**」、地の文なら「**読者**」を高めます。この「侍り」は地の文にありますから、聞き手はいません。だから、この「侍り」は読者を高めていることになりますね。

どうですか？
理屈は簡単でしょう？
要するに尊敬語と謙譲語と丁寧語は、呼び名が違うだけでみんな誰かを高めています。
ただ、高める相手が違っています。
尊敬語は「**主体**」。
謙譲語は「**客体**」。
丁寧語は「**聞き手**」か「**読者**」。

みなさんは、それぞれの敬語が高める相手を絶対忘れないようにしてくださいね。これを忘れたら大変なことだよ！　逆にこれを覚えていたら、どんな複雑な敬語でも一目瞭然《いちもくりょうぜん》！　ほら！

若君、姫君に文を書き**奉り** **給ひ** **侍り**。

尊敬語　若君に対する敬意

謙譲語　姫君に対する敬意

丁寧語　読者に対する敬意

実際の世の中は複雑でしょう？　「八方美人」ってことばがあるけど、できることなら、みんなと仲良くした方がいいですよね！　「ボクは、ケンちゃんは好きだけど、マサ子ちゃんとユータくんはきらいだ」なんて言わないで、ケンちゃんともマサ子ちゃんともユータくんとも、仲良く一緒に遊んだ方がいい。昔の敬語も同じでした。

「若君」だけ高めるとか、「姫君」だけ高めるっていうんじゃなくて、「若君」も「姫君」も「読者」も、みんな一緒に高めるってパターンがよく出てきます。

それが右の例文。訳してみると、

若君が、姫君に手紙を書き申しあげなさいます。

申しあげ：**謙譲語**
なさい：**尊敬語**
ます：**丁寧語**

「奉り」って謙譲語が「姫君」を高め、「給ひ」って尊敬語が「若君」を高め、「侍り」って丁寧語が「読者」を高めています。

尊敬語は「**主体**」、謙譲語は「**客体**」、丁寧語は「**聞き手・読者**」です。

これを忘れないようにして、古文の文章に書いてあるとおり、素直に素直に考える。

そうすれば敬意の対象を見誤ることは絶対ありませんからね！

助動詞の活用表

接続	基本形	未然形	連用形	終止形	連体形	已然形	命令形	活用の種類	おもな意味	ページ
未然形	る	れ	れ	る	るる	るれ	れよ	下二段型	受身・尊敬・可能・自発	101
未然形	らる	られ	られ	らる	らるる	らるれ	られよ	下二段型	受身・尊敬・可能・自発	101
未然形	す	せ	せ	す	する	すれ	せよ	下二段型	使役・尊敬	110
未然形	さす	させ	させ	さす	さする	さすれ	させよ	下二段型	使役・尊敬	110
未然形	しむ	しめ	しめ	しむ	しむる	しむれ	しめよ	下二段型	使役・尊敬	110
未然形	ず	○／ざら	ず／ざり	ず／○	ぬ／ざる	ね／ざれ	○／ざれ	特殊型	打消	162
未然形	む	○	○	む	む	め	○	四段型	推量・意志・勧誘・仮定・婉曲	118
未然形	むず	○	○	むず	むずる	むずれ	○	サ変型	推量・意志・勧誘・仮定・婉曲	171
未然形	まし	ませ ましか	○	まし	まし	ましか	○	特殊型	反実仮想・ためらいの意志・推量	136
未然形	じ	○	○	じ	じ	じ	○	特殊型	打消推量・打消意志	179
未然形	まほし	○／まほしから	まほしく／まほしかり	まほし	まほしき／まほしかる	まほしけれ	○	形容詞型	希望	183
連用形	き	せ	○	き	し	しか	○	特殊型	直接経験の過去	72
連用形	けり	けら	○	けり	ける	けれ	○	ラ変型	間接経験の過去・詠嘆	72

※接続については基本原則を示しています。

連用形	つ	て	て	つ	つる	つれ	てよ	下二段型	完了・強意	82
連用形	ぬ	な	に	ぬ	ぬる	ぬれ	ね	ナ変型	完了・強意	82
連用形	たり	たら	たり	たり	たる	たれ	たれ	ラ変型	完了・存続	89
連用形	たし	○／たから	たく／たかり	たし	たき／たかる	たけれ	○	形容詞型	希望	183
連用形	けむ	○	○	けむ	けむ	けめ	○	四段型	過去推量・過去の伝聞・過去の婉曲	128
終止形（ラ変型には連体形接続）	らむ	○	○	らむ	らむ	らめ	○	四段型	現在推量・現在の伝聞・現在の婉曲	128
終止形（ラ変型には連体形接続）	めり	○	めり	めり	める	めれ	○	ラ変型	推定・婉曲	173
終止形（ラ変型には連体形接続）	らし	○	○	らし	らし	らし	○	特殊型	推定	173
終止形（ラ変型には連体形接続）	べし	○／べから	べく／べかり	べし	べき／べかる	べけれ	○	形容詞型	推量・意志・可能・当然・命令・適当	142
終止形（ラ変型には連体形接続）	まじ	○／まじから	まじく／まじかり	まじ	まじき／まじかる	まじけれ	○	形容詞型	打消推量・打消意志・不可能・打消当然・禁止・不適当	179
終止形（ラ変型には連体形接続）	なり	○	なり	なり	なる	なれ	○	ラ変型	推定・伝聞	152
連体形・体言	なり	なら	なり／に	なり	なる	なれ	なれ	形容動詞型	断定・存在	152
連体形・体言	ごとし	○	ごとく	ごとし	ごとき	○	○	形容詞型	比況	184
体言	たり	たら	たり／と	たり	たる	たれ	たれ	形容動詞型	断定	185
サ変未然形・四段已然形	り	ら	り	り	る	れ	れ	ラ変型	完了・存続	89

付録

動詞活用表

活用の種類	例語	語幹	未然形	連用形	終止形	連体形	已然形	命令形	ページ
四段活用	読む	読	ま	み	む	む	め	め	22
上一段活用	見る	○	み	み	みる	みる	みれ	みよ	28
下一段活用	蹴る	○	け	け	ける	ける	けれ	けよ	
上二段活用	起く	起	き	き	く	くる	くれ	きよ	24
下二段活用	覚ゆ	覚	え	え	ゆ	ゆる	ゆれ	えよ	
カ行変格活用	来《く》	○	こ	き	く	くる	くれ	こ（こよ）	30
サ行変格活用	す	○	せ	し	す	する	すれ	せよ	
ナ行変格活用	往ぬ	往	な	に	ぬ	ぬる	ぬれ	ね	
ラ行変格活用	あり	あ	ら	り	り	る	れ	れ	

形容詞活用表

活用の種類	例語	語幹	未然形	連用形	終止形	連体形	已然形	命令形	ページ
ク活用	高し	高	○	く	し	き	けれ	○	38
			から	かり	○	かる	○	かれ	
シク活用	美し	美	○	しく	し	しき	しけれ	○	
			しから	しかり	○	しかる	○	しかれ	

形容動詞活用表

活用の種類	例語	語幹	未然形	連用形	終止形	連体形	已然形	命令形	ページ
ナリ活用	静かなり	静か	なら	なり に	なり	なる	なれ	なれ	44
タリ活用	堂々たり	堂々	たら	たり と	たり	たる	たれ	たれ	

敬語

尊敬語	訳し方	普通の語
おはす	いらっしゃる	あり・行く・来
おはします		
のたまふ	おっしゃる	言ふ
のたまはす		
思《おぼ》す	お思いになる	思ふ
思《おぼ》し召《め》す		
御覧ず	ご覧になる	見る
聞こし召《め》す	お聞きになる	聞く
召す	お呼びになる	呼ぶ
給ふ	お与えになる	与ふ
大殿《おほとの》ごもる	おやすみになる	寝《ぬ》

謙譲語	訳し方	普通の語
申す	申しあげる	言ふ
聞こゆ		
参る	参上する	行く
まうづ		来

語	訳し方	普通の語
まかる	退出する	行く
まかづ	退出する	来
仕《つか》うまつる	お仕え申しあげる	仕ふ
仕《つかまつ》る	お仕え申しあげる	仕ふ
承《うけたまわ》る	お聞き申しあげる	聞く
奉《たてまつ》る	さしあげる	与ふ
参る	さしあげる	与ふ
参らす	さしあげる	与ふ
たまはる	いただく	受く

丁寧語	訳し方	普通の語
侍り	あります います	あり
候《さぶら》《さうら》ふ	あります います	あり

主要助詞一覧

種類	語	意味・用法		ページ
格助詞	の	連体格〈の〉		190
		準体格〈の～〉		
		主格〈が〉		
		同格〈で〉		
		連用格（比喩）〈のように〉		
接続助詞	ば	順接仮定条件	〈もし～ならば〉	202
		順接確定条件	①原因・理由〈ので・から〉	
			②偶然条件〈と・ところ〉	
			③恒常条件〈といつも・と必ず〉	
係助詞	こそ	強調	文末は已然形となる	210
	ぞ	強調	文末は連体形となる	
	なむ	強調	文末は連体形となる	
	や	疑問・反語	文末は連体形となる	
	か	疑問・反語	文末は連体形となる	
副助詞	だに	限定	〈せめて～だけでも〉	222
		類推	〈さえ・でさえ〉	
	さへ	添加	〈までも〉	
終助詞	かし	念押し	〈～よ・～ね〉	232
	かも	詠嘆	〈～だなあ・～ことだ〉	
	かな	詠嘆	〈～だなあ・～ことだ〉	
	ばや	願望	〈～たい〉	
	てしがな	願望	〈～たい〉	
	にしがな	願望	〈～たい〉	
	なむ	願望	〈～てほしい〉	
	もがな	願望	〈～があればなあ・～がいればなあ・～であればなあ〉	
間投助詞	や	詠嘆	〈～なあ・～よ〉	240
	こそ	呼びかけ	〈～さんよ〉	